生きることに疲れたあなたが一番にしなければならないこと

―加藤諦三の新・人間関係論―

加藤諦三

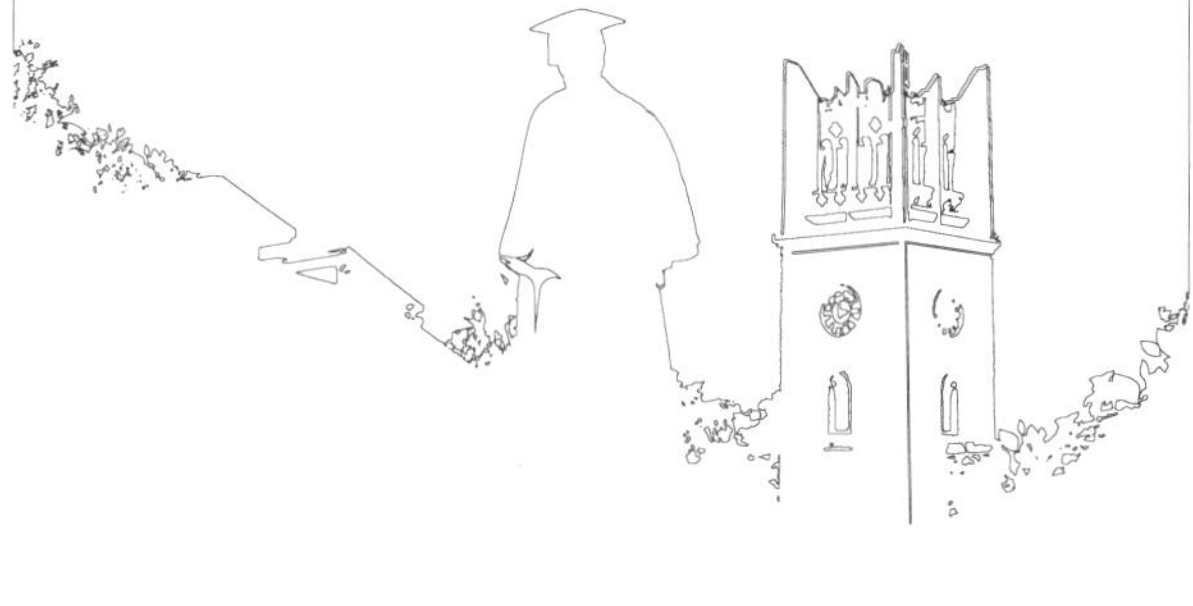

早稲田新書
001

はじめに――囚われからの解放。過去からの解放

現代は目に見えない罠《わな》に囚《とら》われています。そして一人一人は暗闇の中で迷子になっています。しかも自分たちが囚われていることに気がついていない。迷子になっていることにも気がついていない。ただ理由のない不安に襲われています。

人と人との関係は密であることで、救われるのに、それさえもが望ましくないという時代です。かつて、デービット・リースマンの『孤独な群衆』が話題になりましたが、今は「孤独な群衆」ですらありません。

今の時代の急務は、目に見えない罠に囚われている自分たち自身を理解することです。罠を理解することです。

この本はそういう問題意識の下に講義と講義をもとに補足してまとめたものです。口語調

になっているのはそのためです。

この本のテーマは人間関係論ですけれども、人間関係というのは「なぜ難しいかというか？」というと、努力してうまくいくものではないからです。

努力してうまくいくものではないにもかかわらず、うまくいかない場合に、原因を考えないで、なお一層努力する人が多い。

つまり人間関係をうまくするために、自分を変えないで、今の発想で、今までの自分のままで、ものすごく努力する人がいるわけです。

ところが、どんなに努力しても現実には人間関係はうまくいきません。そこで、心の底ではものすごく不満になるわけです。

というのは、どういうことかと言うと、人間の心の葛藤、あるいは人間の心のトラブル、要するに人間の心の抱えている問題というのは、人間関係を通して表れてくるからです。

ですから、自分の心に問題を抱えていながら、そのことに気がつかないで、人間関係をうまくしようと努力します。が、人間関係はうまくいきません。

自分の心の葛藤の問題をそのままにして、次の会社に行ってもまた人間関係で同じような問題を起こします。

例えば、親子関係を良くしようと努力する。友達関係を良くしようと努力する。恋愛関係をうまくしようと努力する。職場では上司と部下との関係をうまくしようと努力する。

そうすると、どうなるでしょうか。心に問題を抱えているから、今までと同じように努力してもうまくいきません。原因を理解しないでただ努力する。そうすると、どうしても、「私はこんなに努力しているのにうまくいかない」という解釈になり、ものすごい不満が出ます。

そして、もっと、努力すれば努力するほど、人間関係は悪化し深刻化します。

それは親子関係を見れば分かります。だいたい、例えば、私は保護者の講演会などによく呼ばれます。ＰＴＡの講演会などに行き、お母さんたちに子育てのことについてちょっと批判的なことを言うと、ものすごく怒るわけです。まあ、怒るのは、もちろんよく分かるわけですが。

つまりどういうことかと言うと「私たちは、こんなに努力しているんです、私たちは頑張ってます」ということです。

もちろん僕の方は努力していることを否定する気持ちは全くない。

養育者の側からすれば努力すれば努力するほど人間関係はこじれて、努力すれば努力するほど問題が深刻化しています。

そういう人々の問題というのは、自分の心の葛藤がこの人間関係の中に表れているんだというようなことを全く理解し意識していないことなのです。

意識できないというか、それが当たり前と言えば当たり前なんですけれども、ここが現代の社会の問題なんです。

今、この講義と著作をどういう問題意識と、どういうコンセプトでもって話をするかということについて、全体の話をしているわけです。講座の基本構造みたいなものです。

一口に言うと、人間の心の葛藤は、人間関係を通して表れるということです。

そして、今言いましたように、そこが現代の問題の難しさということです。要するに、問題の解決の仕方がよく見えないところにあることです。

私たちは表に現れている現象に気を取られて、その裏に隠れている本質に目がいきません。

この本は、表に現れている現象の裏に隠されている本質を探求するものです。

加藤　諦三

目次

第1部　新・人間関係論【感情をコントロールしよう】

第一章　人間は人間関係の中で生きている

多くの人は小学校入学の前から努力しています。

なぜ努力が報われないのか？

その本質は、自分が自分自身を分かっていないからです。つまり相手が分かっていないからです。要するに自分も相手も分かっていないのです。

どういうことかと言うと、例えば、なんでもいいのですが、子どもが不登校なら、不登校になった。これがですね、父親が毎晩お酒飲んで、家に帰ってこない、お母さんはカラオケばっかり行っている、それで子どもが問題起こした。

まあ、こう言うのであればですね、それは家庭内暴力であろうと、不登校であろうとなんであろうと、それは、問題は深刻かもしれないですけれども、要するに「お父さん、もうあなたも父親なんだから毎晩酒飲んでちゃいけませんよ」というような話で、どういう解決の仕方をすればいいのかが分かります。

問題も解決の方法も見えているわけです。

ところが、今言いましたように、現在起きている問題に対して、そういうような言い方ができない問題が多いのです。

▽教育熱心

つまり、お父さんもお母さんも、ものすごい教育熱心です。非常に教育熱心ですから、本人たちは批判されても納得できない。

例えば、ちょっと話が飛びますけれども、ナチスの幹部、もうあれだけひどい、人類の中で最もひどい行為、ああいうユダヤ人の大虐殺をした、ああいうナチスの幹部の親というのは、中には敬虔《けいけん》なクリスチャンだってことがあります。例えばヒムラーなんかが典型です。

しかもヒムラーは父親になってからは表面的には、さらに子煩悩でした。

それは、隠された本質について言えば、自分が怖くなって、その恐怖感を消すために子煩悩だったと考えられます。子煩悩は強迫性です。子煩悩である限り、自分のサディズムを意識しないでいられる。

それに対して、毎晩飲んだくれているような親がですよ、結果として子どもに何か問題が出てきたら、「お前自分の立場を考えろ、親だろう、少しは態度を改めろ」って親に言うことができます。

ところが、今言ったように、子どもが不登校になり、保護者の職業を調べてみると、教員が多いわけです。教育に熱心なわけです。

そうすると、現代の問題の人間関係の難しさっていうのは、「なんでこんなことが起きるの?」っていうことが、なかなか説明できないわけです。当事者たちは起きたことに納得できません。

なかなか説明できないけれども、事実、問題はいろいろと起きている。少子化で子どもは減っているけれども、不登校の子は増えています。

▽最低の親

一口で言うと、例えば人間関係で、親子の問題を例に取ると、「最悪の親」というのは眼に見えるわけですよね。これは問題だって言うと、すぐに誰にも分かります。最悪の親っていうのはよく見えるわけです。毎晩お酒ばかり飲んで働かない、暴力を振るう。

ところが、「最低の親」というのは、行動が問題ではなく、心が問題ですから、外から問題が見えないわけです。というのは、親の行動は立派ですから。どこから考えても立派な人ですから。

父親は毎晩きちんと家に帰ってくる。犯罪をするわけではありません。社会的地位もきちんとしています。

ところが「最低の親」の場合、会社にも、学生時代でも親しい友達がいないという、パーソナリティーという影の部分は見えてこない。周囲の人から見るとやはり立派な人である。母親もあまりカラオケで飲んだくれていることはありません。そして、子どもの教育に熱心。なんにも悪いことはないわけです。だけど、子どもが問題を起こす。

実は問題を起こしている子どもは心の優しい子が多い。優しくない子は親から逃げている。うまく親を拒否しています。親のマイナスの感情の掃き溜《だ》めにはなりません。

▽虚偽の愛

こういうふうに非常に分かりにくい問題になっているのが、現代の問題の特徴なのです。まさにこれが今の人間関係の問題の本質なのです。表に現れた現象の裏に隠されている本質は何か？

それが現代の日本を理解する時の大切な問題意識です。それを追究しないと、現代の目に見えない罠《わな》から逃げられない。目に見えない罠を理解することができない。

『Dubious Mother's Love』という本があって、「疑わしき母性愛」というのですけれども、その中に「不足した真実の愛よりも、過剰なる虚偽の愛が堪え難い」というようなことが書いてあります。

真実の愛が無いと、まあそれも、それは望ましいことではなく、子どもにとっては、嫌なことでしょう。愛がないのですから。しかし、それよりも「過剰な虚偽の愛」、この方が子どもには堪え難いと言っています。

つまり、愛は愛でも過剰な虚偽の愛なのです。だけれども、親の側からすると、愛しているつもりです。第三者が客観的に見れば、誤った過剰な愛ですが、親は自分としてはものすごく愛しているつもりなのです。それは自分の心の底にある問題から目を背けているからです。

そして、自分は一生懸命愛している、頑張っている。そして、子どもが問題を起こした。そうしたら、友達が悪い、学校が悪い、先生が悪い、妻が悪い、夫が悪い、社会が悪いという以外に言いようがないんです。

そうやってその、友達が悪い、先生が悪い、学校が悪い、社会が悪いと言っても、問題は何も解決しません。

ですから、今の、表に現れている問題、人間関係を始めとするさまざまな問題の裏に、現代の本質的な問題が隠されているのです。

▽愛情の錯覚

例えば親は子どもの方に関心がいきません。父親は、父親として家族旅行をする自分に酔っています。父親が自分の愛情飢餓感を家族旅行で満たしている。そのことに父親は気がついていません。誰とも心がふれあえないということに気がついていない。

体調の悪い子どもを旅行に連れ回して、自分一人で得意になって「俺は世界一の父親だ」と自己陶酔している父親がいました。

だいたいナルシストの親は、子どもの体調が悪いということに気がついていない。自分の健康には異常なほど関心があるが、子どもの体調には興味がない。あるとすれば、それが自分に迷惑がかかるかどうかという視点からしか関心がない。

これが、だいたい教育熱心な家庭から問題児が出てくる原因でしょう。熱心は熱心なのだけれども、自分にしか関心がないから子どもを見ていない。そして熱心な自分に酔っている。

自分のナルシシズムから生じる情熱を愛情と錯覚しています。

要するに、現代の表に現れた問題の、隠された本質は幼児性ということが多い。

この場合で言うとナルシシズムです。自分に都合よく現実を歪《ゆが》んで解釈している。そのことに本人自身が、気がついていません。

第二章　人の話を聞くこと

会社で部下の話を聞いていないから始まって、家では配偶者の話を聞いていない。子どもの話を聞いていない。

行動を見ると、社会的には立派な親だけども、子どもから見ると「話させない親」である。親から要求されるのは従順だけだから、子どもからすれば「話す余地がない」。「ありがとうございます」以外に話すことがない。

外から見ると社会的に問題のない人だけども、関係者の心から見ると、やりきれない人である。優しくない子は、こうした親から逃げる。だから問題は起こしません。

フロイデンバーガー（Herbert J. Freudenberger）という人が『Burnout』[*1]という本を出し

て、世界中で翻訳されました。日本でも翻訳されました。

バーンアウト、燃え尽き症候群です。この燃え尽き症候群という人たちも、人間関係に努力しています。

▽努力の連続

仕事でも家庭でも人間関係を維持するのにものすごい努力をしている。フロイデンバーガーの言葉を使えば、Exclusively Striving といい、排他的に努力するといいます。

彼らは、今の理想的環境を維持するために、ものすごい努力をする。結婚生活で言えば、夫婦関係の維持、理想的夫婦関係を一生懸命演じようと思って努力しているわけです。それなのに、最後には力尽きて燃え尽きてしまう。

そして、努力しない人が、もう努力しないで燃え尽きて、夫婦関係が破綻したというなら、これは分かりやすいけれども、努力して、努力して、努力し抜いて、破綻する、ということが容易には理解しにくい。

そこが現代の人間関係の中において、非常に難しい問題の一つなのです。

人間を行動だけで見ない。心を見る。それが見えない罠《わな》にかからない方法です。

その極致みたいなものを表す言葉が、「あなたさえ幸せなら私はそれでいいの」というお母さんの言葉です。これはもう「私はここまで努力してますよ」と言っているし、実際努力している。こんな立派な非利己主義の言葉はありません。

▽呪いの言葉

あなたさえ幸せなら私はどうでもいいのよ。こんな立派なことはないわけです。現実には、『ピーター・パン・シンドローム』[*2]を書いたダン・カイリー（Dan Kiley）が、子どもをピーター・パンにしてしまう母親、子どもを成長させない、挫折させる男にしてしまう母親が一番よく使う言葉がこの言葉です。

Your happiness makes me happy. と言います。

努力してるんです。つまり、努力に努力を重ねながら問題が全くうまくいってない、というのが今の人間関係の問題に多い。

ですから、なんでそういうふうになってしまうのか、ということが、全体の問題意識として、この著作と講義全体の中にあるわけです。

つまり、努力した人がみんなうまくいっていて、努力しない人がうまくいかないなら、わざわざ人間関係を論じる必要はないわけです。

人間関係がうまくいっていない人に対してなら「お前努力しろ」でいいわけですから。人間関係がうまくいってる人、ああ良かったですね、でいいわけです。

ところが現実には、人間関係で努力している人が、うまくいっていないケースがものすごく多い。

なぜそうなるのかというのが、この本の全体のコンセプトです。それは一つには、「人間は人間関係の中で生きているんだ」という、この点を見落としているところが問題なのです。罠《わな》にかかるところなのです。

アドラーの言葉を借りれば、「共同体感情の欠如」です。仲間意識がない、心のふれあいがない。そういう人が勘違いして必死で努力をしている。

子どもの方は子どもの方で注目とか、愛を求めて努力している。そして優越感を求めて努力し始めます。

アドラーは力と優越感を求める努力は、私たちの文明における顕著な悪であると述べています[*3]。

言い過ぎなこともあると思いますが、アメリカの心理学者ロロ・メイも同じ趣旨のことを述べています。

▽人生最大の障害

いずれにしても子どもの場合も、努力が幸せとは結びつかないことが多い。

優越への目標は、公然と示されない、隠された目標です[*4]。

大人も子どもも、別の言葉で言うと「努力と報酬のアンバランス」です。それが現代の本質的問題の一つです。大人も子どもも努力が報われないから、努力への動機が再生産されません。

逆に怒りや攻撃性が生まれる。

恋愛はある人の人生を実り豊かなものにしますが、別の人の人生を破壊します。

一般的に言えば、外から見ると全ての努力は同じです。しかし常に努力は両刃の剣です。

自我が確立してくると、同じ刺激でも過去のコンテクストから解放されてくる傾向にあります。

もともとストレスホルモンが活発に活動している子が、脅威志向の強い家庭で成長したらどうなるか。

毎日がものすごいストレスです。

外から見ていて同じ日常生活でも、人は同じ日々を送っているのではありません。

ある大学人は、大学時代に恋人にひどい振られ方をしたことが心の奥底で影響し、人に対して自信のある態度が取れない。そうした人がいます。

過去のカテゴリーで自分も相手も判断しないこと、この姿勢が楽しく充実した人生を送るには大切です。

アメリカの作家ジャック・パール（Jack Parr）の言葉に「私の人生は障害で満ちている。最大の障害は私である」というのがあります。その通りです。自分の心が囚《とら》われていること、そしてそれに気がつかないことが人生最大の障害でしょう。

過去に囚われる恐ろしさは計り知れない。過去に囚われている人は人間関係のトラブルが多いのです。

第三章　自分の心の葛藤に直面することを逃げている

なぜ「努力と報酬のアンバランス」が起きるのでしょうか。それは一つには行動は目に見えるけれど、心は見えないからです。大人も子どもも「そこ」から逃げている人が多い。心が逃げているというのは、自分の心の葛藤に直面することを逃げているということです。それが見えない。しかも本人は逃げていることに気がついていない。

人を束縛するときに、操作をして人を縛ることがあります。親が子どもを心理的に縛って自立させない場合もこの型があります。両方とも相手を罪の意識で縛ることには変わりはありません。

子どもに過干渉の母親がいます。例えば、夫の死の悲しみから逃げるために教育ママになる。お受験ママになる。子どもに過干渉になるが、自分は子どもの教育に熱心だと合理化する。

母親は、子どもに干渉している限り、自分の本当の悩みをブロックしていられる。

これは愛する能力のない母親です。しかし愛する能力は心の生産的心構えですから、外からは見えません。

▽愛の仮面

サディストが愛の仮面をかぶって登場する。これも外からは見えません。

ドイツの精神科医だったカレン・ホルナイは、サディズムは攻撃的パーソナリティーでは顕著に現れるが、迎合的パーソナリティーの場合には狡猾に現れると言います。*5

サディストは愛の仮面をかぶって搾取します。

具体的には、例えば恩着せがましさ。

恩着せがましい人は、サディストですが、本人は相手を愛していると思っている。それは隠されたサディズムです。

「日常生活では彼らは際限もなく非現実的なほど高い要求を周囲の人にする」[*6]

全ては、この母親の心の底にある空虚感や不安や恐怖や依存性や自己無価値感等々を癒すために出た言葉です。

そしてそれらを土台にしてサディズムが成長してくる。

今述べたような言葉が、自らのサディズムを意識するのを防ぐための言葉である。

「ここでフロイトが指摘しているように、無意識的思考には知りたくないという動機づけがある」[*7]

母親は意識の領域では愛しているつもりですが、無意識的思考には知りたくないという動機づけがあります。意識の領域では愛ですが、無意識の領域ではサディズムです。

サディズムが、サディズムとして登場してくる時にはまだ対処の仕方があります。

しかしサディズムが善意の仮面をかぶって登場してくると、対処は難しい。

先の教育ママの愛はサディズムの口実です。合理化です。

自分の世界を生き生きさせるのに、あるいは自分の住む現実を萎縮させるのに、他者を利用すること以上に効果的な方法はないといわれています。

つまり「努力している側」から見れば、努力と報酬のアンバランスですが、努力されている側から見れば「心理的保護の喪失」です。愛の名の下に虐げられています。

「心理的保護の喪失」の側は、内面へ逃亡する。その結果、社会性を喪失する。典型的なのは引きこもりです。

「努力している側」は不満からサディスティックな攻撃性に走ります。

▽共に絶望

努力している側も、絶望しているし、心理的保護を失っている側も絶望しています。もちろん絶望感は両者ともに無意識です。

カレン・ホルナイの言葉に神経症的非利己主義という言葉があります。

燃え尽き症候群の人も神経症的非利己主義の人が多い。燃え尽き症候群では、社会的に立派な職業の人が多い。

看護師、医師、警察官、教師、要するに社会奉仕を目的とする職業です。

もちろん使命感に燃えて、身も心も立派な人が多い。ここで言っているのは、あくまでも燃え尽き症候群になる人についてです。

彼ら彼女らは不安からエネルギッシュに見える行動をしています。燃え尽き症候群になる人のエネルギーの中には、自己実現のエネルギーではない場合が多いです。

きつい言い方になりますが、不安や恐怖感から努力しても、努力は実らないし、本人に社会性は身につかない。社会性が身につかないから、努力が実を結ばないことが多い。彼らは人との関わりの中で努力するということが理解できない。

無意識で他人を奴隷化しようとしていますが、意識の領域では愛していると思っています。他者と優しく接触しようと努力しています。

つまり彼ら彼女らは自分の心の底にある矛盾に直面する勇気がない。そういう心の姿勢がない。

フロイデンバーガーは、燃え尽き症候群の人は弱点を隠すのがうまいと言う。自分の弱点を認められない。

だからいつも不安な緊張をしています。

それが恥ずかしがり屋の人の特徴でもあります。

優越感を隠していることがあるから、いつも不安な緊張をして疲れます。人前で表に出ては困ることがあるから、人と居ていつも不安な緊張をしている。

興味と関心で動いている人は、それほど自分の弱点にこだわらない。

興味と関心で動いている人は、まず非現実的なほど高い期待を自分にかけない。もっと地に足のついた生き方になる。うぬぼれたり、自己卑下したりしない。

何よりも気持ちが他人の目に振りまわされない。人生を楽しんでいる。

「自分が成功することに対する肯定的な予想が、結果として彼らを成功へと導いたにすぎない」[*8]

自信を失って落ち込んでいる人は、小さいころ、非現実的なほど高い基準に接して実際の自分では他者の期待に応えられないと感じてしまったのです。

心の支えを持っている子どもであれば、そのような基準を示す他者から離れられる。あるいはずるい子は、うまく逃げる。

しかしそうした他者から離れられない優しい子どもは、「適切な目的を」持てないで、誇大な自己イメージ実現に苦しみながら、現実逃避して人生が行き詰まる。

テロリストは、本人は正義と思っていますが、無意識では正反対です。無意識にある自分のサディズムに直面することから逃げている人が多い。

「あなたさえ幸せならお母さんはそれでいいの」と同じです。無意識の「知りたくない」という自分の考えを知らないままに、努力をする。

▽支配と自己不在

自分を知らない人の努力は報われない。

自分の心の葛藤に直面しない人の努力は報われない。

「あなたさえ幸せならお母さんはそれでいいの」。これは愛情の言葉ではありません。エーリッヒ・フロムの言う好意的サディズムの言葉です。

だからこの言葉は子どもには重く感じられます。この言葉は子どもにはやりきれない。この言葉を聞くと子どもは生きる気力を失います。

あるいは弱さを武器にして生き始める。「学習された病気」などがその典型です。つまり責任を逃れるには病気になるのがいいと思うようになる。

そして大人になると周囲の人に敵意を持つようになる。

それは、こう言われて、母親から子どもはいじめられているのだから、無意識で敵意を持っておかしくはありません。

この言葉を言う母親の心理と、恩着せがましさの心理は深く関わっています。

まさにこのような言葉を言う母親は「支配の意図と自己不在」が共通しています。

両者共に相手を自分の思うように操作しようとしている。まさに隠された「支配の意図」を持っています。

そして両者共に自分がない。自分で幸せになる力がない。母親は幼児のころの強度の依存性を残している。

「私はどうだっていいの」と言う人は、決して「どうだってよくない」。本当に「どうだっていいの」なら「私はどうだっていいの」とは言わない。

「私はどうだっていいの」と言う時には、その人は決して相手の自由を許さない。「私はどうだっていいの」という言葉に隠されたメッセージは「私の期待通りにしろ」という要求である。それが隠された意味です。

つまり子どもは無意識の世界で縛られています。

▽感謝と憎しみ

そういう子どもは意識の上では親に感謝をし、無意識の世界では親を憎んでいます。

この意識と無意識の矛盾の中でコミュニケーション能力を失い、人との心のふれあいを持てず、孤立してノイローゼになる。

オーストリアの精神科医ベラン・ウルフの名言に「人は相手の無意識に反応する」があります。

子どもは母親の無意識に反応します。

子育てで大切なのは親の意識ではなく、親の無意識です。無意識に葛藤をかかえている人は相手をリラックスさせません。

一生懸命だけどもうまくいかない人は、ビジネスパーソンであれ、教員であれ、医師であれ、自分の隠された真の動機を反省することです。頑張った母親も心が病みます。

この見えない動機を自分に都合良く解釈する人が、人間関係でトラブルを起こす。

恋愛で相手の行動を自分に都合よく解釈する人が、あとで痛い目に遭うのです。

忘れてならないのは、無意識的思考には知りたくないという動機づけがあることです[*9]。

人を恨んでいる人は一度自分の親切の動機を反省してみることです。「私はどのような動機で人に親切をしてきたのか？」。

だからこの「あなたさえ幸せならお母さんはそれでいいの」と言う母親の子どもは、心理的に成長することにつまずきます。

何度も言うように、優しくない子は、こういう母親から逃げる。母親も優しいことしか言わない。

「「愛」の仮面をかぶった好意的支配もまた、しばしばサディズムのあらわれである。好意的サディストは自分の所有物が富み、強力になり、成功することを欲するけれども、彼が全力をあげて阻止しようとする一つのことがある。それは彼の所有物が自由と独立とを獲得し、彼のものではなくなってしまうことである[*10]」とエーリッヒ・フロムは述べています。

こういうことを言う人は、本人は意識の領域では愛しているつもりですが、無意識の領域では「絶対にお前を手放さない」という執着を持っています。

「神経症者は自分自身のエネルギーを持っていない（Neurotic does not have his own energies.）[*11]」とカレン・ホルナイは言います。

▽恐怖感の源

表面的に見ると、「仲の良い立派な親子」ですが、問題が出る。新聞によく載る「あの仲の良い家族に何があったのか？」と言う例の記事です。

どういうことかと言うと、若いころから、脅迫とか攻撃にさらされながら生きてくる人もいるわけです。

そうすると、小さいころから攻撃にさらされながら生きてくれば、ものすごい恐怖感を持ちます。

ところが、逆に小さいころから、励まされ、励まされて生きている人もいるわけです。

そうすると、同じ人間ではあるけれども、片方は人間関係の中で常に保護されている、その守られているという感覚を持って生きていきます。

ところが、非難され、侮辱され、攻撃されながら生きてきた人といのうは、やはり現実の世界は敵です。なぜなら、常に自分は攻撃されて成長してきているわけですから。

そして、その小さいころのさまざまな恐怖感が「記憶に凍結された恐怖感」と言いますが、つまりその人を生涯支配します。

例えば、今言ったように、常に人から侮辱されながら生きてきた人は、十歳までそうだったとします、そして二十歳になった、四十歳になった、周りの人が励ましてくれる、常に助けてくれる。

でも、その人は周りの人の言うことを決して信じない。自分を侮辱して、非難しているわけではないのに、侮辱したというふうに受け取ります。だからもう、無意識に蓄積された記憶で、私たちの意識的な今の生活は絶えず影響されてしまう。

例えば、三十歳なら三十歳になった時は、自分を取り巻く人間関係が小さいころとは全然違ってしまってくるわけです。それは人間関係のコンテクストが全く違ってしまっているということです。

つまり、生まれた時から、もう違うわけです。非常に歓迎されて生まれてくる人もいる。

それに対して逆に、Unwanted child という言葉があるように、望まれないで生まれてきた人もいるわけです。

母親がはっきりそういう言葉を言う人もいるわけです。病院行ったけど「もう遅い」って言われたから生みたくないけどあなたを産んじゃった、と面と向かって言う。要するに、お前は迷惑な存在だ、ということです。要するに、お前は迷惑な存在だっていうふうに、人間関係の中で、そういうメッセージをもらいながら成長する人と、あなたが私の生きがいだと、あなたがいるから私は生きていかれるというように、自分は他人の生きがいだというような自己イメージを持って成長する人もいるわけです。

▽現実は敵か味方か

人は人間関係の中で成長するのですから、人は生まれた時からここまで全然違ってくるわけです。

つまり、人間は人間関係の中で生きているわけです。人生というのは、人間関係の中で人生がある。

だから、逆に言うと、私たちがしっかり認識しなければいけないのは、私はどういう人間関係の中で今まで生きてきたのかという、この点がしっかり認識できるかできないかが、幸せになるポイントです。それがこの人間関係の重要なテーマです。

侮辱されながら成長した人と、励まされながら成長した人がいます。

侮辱されながら成長した人は、ありのままの自分が世界に受け入れられているという感覚がありません。現実は敵という感覚がある。

心理的に健康な人は、現実は味方だという感覚があります。

自分は「生きる」という体験をどのような社会的枠組でしたのか？　生きるという体験は初めから対人関係と深く結びついています。

自分にとって生きるという体験は、「不安と恐怖感と屈辱」と意味づけられていたか？　勝つことでしか、「不安と恐怖感と屈辱」から逃れることはできないと思い込んでいなかったか。それが深刻な劣等感のある人です。

理想の自我像に固執している人にとっては、些細《ささい》な失敗は自殺するほどの原因になる。

意味ある人生を送りたいなら昔の刺激から解放されなければならない。勝者は今に反応します。

第四章　一番大切なのは自分に対する責任

「自分の人生はどういう人生であったか？」ということは、つまり、自分はどういう人間関係の中で今まで生きてきたのか、その中で自分はどういう反応をしてきたのか、ということです。

この「その中で自分はどういう反応をしてきたのか？」ということが、自分の性格に大きな影響を与えています。そこに気がつくことが大切です。

服従で生きてきた人もいれば、力を追求し優越感を求めて生きてきた人もいれば、弱さを武器にして生きてきた人もいます。例えば学習性病気です。

責任から逃げるためには病気になるのが最も手っ取り早い。

▽反省とは

私たちはよく「反省しろ」と言われます。「反省しろ」というのは、だいたい行動のことです。学生で言えば、カンニングしたら、カンニングをしたことを「反省しろ」ということです。

過去を反省するというのは、過去の行動のことではありません。大切なのは、私はどういう人間関係の中で、どのような不安を体験して、どう反応して生きてきたのかということ。これが大切なのです。

私は何をやってきたか、ではないのです。反省というのは、だいたい、私は何をやってきたかを反省させられるわけです。

そうではなくて、私はどういう人間関係の中で、どう反応して生きてきたのか。その結果、人間の価値をどう考えるようになったのか、なぜこのような自己イメージができたのか。その結果、今自分の人生はどういう人生になったか、ということです。

要するに、自分の人生を作ったのは、自分の運命的な人間関係であり、その人たちへの自分の反応です。それがこの本のテーマです。

私たちは、人間関係の中でよく、人への義務だ、責任だということを言われます。義務責任が大切だと言われる。友達にどうだ、恋人にどうだ、家族にどうだ、仕事にどうだと。

これは、小さいころから言われていますが、一番大切なのは、ちょっと誤解しないで考えていただきたいのですが、重要なのは人に対する責任ではありません。自分に対する責任なのです。

「反省しろ、反省しろ」という時に、この自分に対する責任というものが、完全に抜け落ちてしまうのです。

先に、現代にはいろいろな問題があると言いました。それが非常に分かりにくいと言いました。ですから何が本質的な問題なのかを理解する必要があります。それは Responsibility to be one's ownself というのか、自分が自分自身であるということの責任です。

結論を先に言いますと、現代悩んでいる人の、生き方の失敗は、この点を見逃して一生懸命努力していることです。

一生懸命やるけれども、問題は深刻化するばかり。だから、出てくるのは「私がこんなに一生懸命やってるのに、なんであなたは分かってくれないのよ」という叫びになるのです。

母親は母親で一生懸命努力しているから、子どもへの責任を果たしているつもりなのです。それはそうでしょう。だけど、その人は自分に対する責任を忘れています。自分に対する責任を忘れて、自分に対する責任を放棄して、そして人に対する責任を果たした立派な人と思っている。これは絶対に駄目です。

▽使命を

自分自身であろうと決意することは、人間の本当の使命です。[*12]

家で言えば、親も子どもも、自分に対する責任を忘れています。会社で言えば、上司も部下も自分に対する責任を忘れています。

だから会社でも家でも理解しがたいトラブルが多発する。ドメスティック・バイオレンス、パワーハラスメント、幼児虐待、引きこもりから、いじめまで心の崩壊は驚くほど深刻なレベルに達しています。

私は、ラジオの「テレフォン人生相談」をもう五十年以上やっていますが、やはり、この種の相談者の電話が非常に多い。

自分自身であるという責任を放棄して、いろいろなことを努力している。会社で上司はこうだ、けしからんと嘆いている。

逆に部下の出来が悪い、子どもがどうだ、ああだ、こうだ、と言いますけれど、みんな人間の本当の使命には関心がありません。

努力してうまくいかないから、電話をかけてくるわけです。その人はまず何を忘れているかというと、自分自身への責任を忘れているわけです。だから、「自分自身の責任は？」というか、自分の責任を忘れていれば、そこですでに心に問題を抱えているわけです。

その自我喪失した心の問題が、人間関係を通して現れてくる。心に問題のある人が恋愛をしたら、その恋愛関係の中にその人の心の問題は出てくる。ほとんどの場合は、それは無意識に抱えている問題です。病んだ心の問題はどうしても、人間関係を通して出てきます。

恋愛に対して一生懸命頑張っても必ず失敗する。振られる。そして恨みを持つ。

だけれども、無意識に抱えている場合には、本人が意識していないから、「なぜこんなに分かってくれないのか？　なぜあの人はこうなのよ」という怒りが出てくるのです。

なぜ、あの人はこうなのよという人間関係の怒りが出てくる。

だから、先ほども言ったように、頑張れば頑張るほど、残念ながら、人間関係はうまくいかない。うまくいかないことのポイントは、そこにあるわけです。

逆にあまりつらい努力をしないで、親しい人を作れる人もいます。それは不信感を持っていないからです。[*13]

自分を信じているからです。

▽ありのままで

だから虚勢を張らないで、ありのままで生きてみよう。それだけで解決することも多い。

あなたは何に気がついていないのか？

不満な時には人間の生きざまの本を読め。

そして健康な人とコンタクトをする。

「やる気のない人」の中にいると、いるだけで人は不満になる。

「俺はやる気のない人の中にいた」と気がつくだけで、もう春はそこまで来ています。

メランコリー親和型の人は「尽くす」ということを通してしか、人間関係を作れないし、人間関係を維持できない。親子、夫婦、友人という関係においてさえそれは、人格のふれあいではなく、果たすべき務めであるとドイツの精神医学者テレンバッハは言います。

「他人に奉仕でき、他人を喜ばせることができれば、満足感が感じられる[*14]」

それまではいいが、メランコリー親和型的な人には自分の喜びというのがありません。

メランコリー親和型の人には、ただ純粋に他人のためにあるというような、自分自身のありかたは不可能であるといいます。そして「自分自身が自分の内容となることはできない[*15]」といいます。

好きなこと、自分の喜びを本当に持っている人ほど幸せな人はいません。

最初のテーマは、人間関係の中での体験です。私たちはいろいろな体験をします。二～三月になると、入学試験があって、試験受けて、合格したの、不合格だったのという体験があります。

不合格というのも単なる価値中立的な体験ですし、単なる合格も意味中立的な体験です。

そうすると、その体験は誰にとっても同じ体験だと思っています。

実は、それぞれの体験は、意味が全く違います。大学の本部キャンパスは、入試期間中、立ち入り禁止になっているはずです。

そうすると、同じ教室で同じ試験問題を解いていると、同じ体験をしていると思っているのです。

これは全く違います。その人が、どういう人間関係の中で、今その教室に座って、問題を解いているかと考えた場合、百人の受験生が、百人全く違った体験をしているのです。人間関係の中での体験というのは、そういう意味です。同じ試験会場で、同じ試験問題を解いているからといって、全く同じ体験ではないのです。

▽プレッシャーの正体

ものすごいプレッシャーに苦しんでいる人もいます。ものすごい実力があるのですが、プレッシャーに負けて落ちるという人はいくらでもいるわけです。

例えば僕の知っている例で言うと「あなたが〇〇大学に受からないのならば、お母さん家に火をつけて死んでやる」って言われたという受験生もいます。

この母親が、そういうことを世間みんなに言っているのならまだいいのですが、みんなの前では、なんと言っているか？

もう大学なんてどこでもいいの。私、子どもには「どこでもいいって言ってるわ」と言っている。

そして子どもと二人になると「受からなかったら、家に火をつけて燃やしてやる」って言う。こういう人間関係の中で受験している人も、いるのです。

他方には、わが息子、わが娘、私の娘、受かろうが落ちようが、生きていりゃいいじゃないのって言う、そういう親もいるわけです。

こういう受験生は受験していてもプレッシャーは全然ないです。

だいたいプレッシャーのない人は、十の実力あると、だいたい試験場で二十、三十の力を出します。ところが、プレッシャーのある人は、百の実力があっても十の実力も出せない。だから、成績のいい人が落ちて、成績の悪い人が受かるということが起きる。こういうことが起きるというのはそういうことです。

実力がある、力があるということと、その力を出せるということは、これは全く別の話です。全く別の話ですから。

体験というのは、そういう意味での体験です。

人の全ての体験は、人間間関係の中での体験なのです。人間関係の中での体験というのは、そういうことです。

第五章　私はどういう人間関係の中で今まで生きてきたのか

全ての体験は社会的枠組みに取り込まれている。受験における不合格は、それぞれの若者にとって全く違った意味を持つ。その人の人生に全く違った影響力を持つ。ものすごい影響力をもって若者を自殺に追いこむこともあれば、ほとんどなんの影響力ももたずに終わることもあります。

ある若者がある大学に不合格になる。不合格で親族の評価を失う。家にますます居場所が無くなる。家に対する所属感が壊れることを再確認させられる。

その若者の社会的枠組みの外で起きていることではありません。

人の体験というのは、もともと対人関係と深く結びついています。私たちは生まれて以来、対人関係と切り離された体験をすることはないのです。

▽運命

小さいころ、何かをするときに、励まされた人もいるし、逆に「何するんだ、危ない、けがしたらどうするんだ」と不機嫌に叱られた人もいます。

同じ状態でも困って助けられた人もいますが、迷惑がられた人もいます。

「お前は迷惑だ」と unwanted child と言われた人もいれば、「あなたは私の生きがい」と、親から歓迎されて生まれた人もいます。

励まされ成長した人もいれば、おとしめられて成長した人もいます。

安心か、怯《おび》えか、恐怖感か、不安か、どちらで成長するかはその人の運命である。

生まれてみたら親が不和だったという人もいれば、家の中には笑い声が絶えなかった人もいます。

人は、小さいころから与えられたメッセージが全く違います。その全く違うメッセージで、全く違った人間になって成長しています。

感情表現の不得意な人がいます。得意な人もいます。

要するに、最初のところで何を言いたかったかというと、私たちは無人島で何かを体験しているのではないということです。私たちは、社会の中で体験しているのです。いろいろなことを。

無人島の中での体験と社会の中での体験は、全く違います。だからさきほども言いましたように、何かをする時に励まされて、励まされて何かをやっている人もいれば、何かをしようとすると「何するんだ、危ない。けがしたらどうするんだ？」と叱られる人もいます。困った時に、すぐに助けられる人もいます。困っても、誰も助けてくれない人もいます。この二人にとっては、世の中は全然違います。

一人で困っているのではないのです。形は一人で困っているかもしれない。形は確かに一人で困っています。

だけれども、その人には、人に対する不信感がある。自分をとりまく世界に対する不信感がある。

▽一人だけの困難

人間に対する不信感があります。自分が困っても誰も助けてくれないという不信感。逆に自分は困ったらだれかがすぐに助けてくれると思う人もいます。

だから、「一人で困っているから」と言っても、一人で困っているのではないのです。無人島で困っているのではないのです。無人島で困っているのではなく、今いる社会の、自分の人間関係の中で「困る」という体験をしているのです。

だから、お父さんとお母さんが仲良くて、夕食の際にさまざまな話題でいつも笑い声が絶えなかったという家庭に生まれた人であれば、やはり人間に対する信頼感が当然出てきます。

気兼ねなく自由に話ができます。遠慮しすぎることもなく、出しゃばることもない。自然に話ができます。人生を喜びと感じるし、困難を乗り越える能力も養われます。

生まれてみたら、父親がいつもおふくろを殴っていて、お母さんの泣き声を聞くのがつらくて、押し入れの中に入って耳をふさいでいた。そうやって成長したという人もいるわけです。

そういう人にとって人生は生まれた時から困難に満ちています。だからもう、周囲の人から自分に与えられているメッセージは小さいころから、人によって全く違っている。人は、全く違った世界で成長しているのです。

ところが、体験そのものは目に見えますから。なになに大学に入学しました。試験を受けましたというこの体験は、非常に分かりやすいのです。

しかしこれは、あくまでも無人島の体験ではないのです。何か、一人でやっていると、一人でやっていると思っているのですが、一人でやっていたって、一人でやっていたのではないのです。社会の中でやっているのです。

▽感情の共有

先ほども言いましたように、困っても誰も自分のことは助けてくれないという不信感を強く持ってしまう人もいれば、すごい安心感を持っている人もいるのです。

困った時は誰か助けてくれる、こういう人はものすごい安心感を持って生きています。そうすると、同じ人間ですけれども、同じ東京の青山一丁目の交差点を歩いていますが、うわーって人が歩いている中で、一人一人を外から見れば、同じかもしれないけれども、最初に言ったように、人間関係の中での体験という意味で言えば、東京の青山一丁目の交差点を歩いているという体験は一人一人全く違うのです。

感情表現の不得意な人もいます、感情表現の得意な人もいます。

要するに、会話のうまい人もいれば、会話の下手な人もいます。

要するに、美しい夕焼けを見ていても、「きれいだな」とも、「きれいね」とも、一緒にいても言わない。

そういうのは、小さいころ、例えばお母さんと一緒にいて、一緒に夕焼けを見ていたとして、そのお母さんと自分が、「夕焼けきれいね」とか、「そうだねえ」とか、言うことはなかったに違いない。

「この夕焼けきれい！」という感情を共有できて成長した人と、感情を全く共有しないで生きた人といるわけです。

そうすると、この美しい夕焼けを見るという体験は、これは二人にとって全く違っています。

感情を共有できて初めてその人は美しい夕焼けだ、きれいだね、という体験になっているわけです。

秋の落ち葉が大地に落ちている。「うわあ、きれいだなあ」「ほんときれいだねえ」と言って、一緒に感情を共有しながら成長した人と、この感情を共有しないで成長した人がいるわけです。

つまり、人と感情を共有しながら成長した人と、素晴らしい感動を共に味わうことなく成長した人がいます。

小さいころから感情を共有していないから、大人になっても感動を共有しないのです。だから、人間関係の、最初に言いましたように、人は人間関係の中で生きているわけですから、感動しないから、感動を表現する言葉がないのです。感情表現の不得意な人というのは当然出てきます。

触覚など五感を奪われてしまったと感じて成長してきた人もいます。

要するに、感情を共有してもらって成長した人と、共有してもらわないで成長した人とがいるわけです。この二人は心が全然違います。同じところに生まれ、同じ学校に通っていても、成長した世界は全く違います。今いる世界は全く違います。

▽感情表現の背景

感情を共有しないでずっと成長してきた人は、共感能力が欠如しています。だから、一緒に歩いていても、一緒に歩いていれば二人は同じ体験をしているようで、外側から見れば、フィジカルには同じ体験をしていますが、心は同じ体験をしていないのです。

一方は共感能力が欠如していますから。触覚など五感を奪われている。共感能力の欠如です。共感的人間関係を形成できない。

美しい夕焼けを見ても「きれいだー」と感動しない。秋に落ち葉が地面に敷きつめられていても「素晴らしい！」と感動しない。感情を表現しない。

何か困ったこと、腹の立つこと、悲しいことをいろいろ経験しても、その感情を共有できれば、一人で耐えているよりも、その困難は耐えやすい。

感情を共有できる人を持つことは、健康の維持に有効です。そのような感情を共有することが免疫性に対して効果的であると分かっています。

こういうのを、アレキシティミア（Alexithymia）とかアレキシサイミアとかいう言い方をします。つまり感情表現をできない人は、感情の交流ができない人なのです。

例えば、二月です。ある人が「今日寒いなあ」と言ったとします。そうしたら、先ほど言った「感情表現のできない」人は、アレキシティミアの人っていうのは、「まあ、二月ですから」と言う。

「今日寒いなあ」と言った人は、別に、「お前知らないだろ、今、寒いんだぞ」と言っているわけではないのです。「今日寒いなあ」という感情を共有しようとして、「寒いなあ」と言っているのです。

感情を表現できない人の会話というのは、今言ったように、「いや二月ですから」と言うことになります。それは理屈として正しいものです。

では、両者とも感情を表現できない人の会話は、どうなるでしょう。

「今日寒いなあ」と言われた方が、「いや、二月でも暖かい日ありますよ」と言うかもしれない。すると「考えてみればそうですね、わたくし間違ってました」。こういうことです。

これは論理的に正しい会話です。二月だって暖かい日はあるのですから。

天気予報でよくやっています。よく外れてます。二月でも暖かい日はあります。だから「寒いな」と言っても、「二月ですから」と言うのは、よく考えたら間違っているのです。

「よく考えてみれば間違ってました」

こんな会話をしていたら人間関係は維持できません。少なくとも心の接触はできないし、もしあったとしても失う。

心がふれあえれば、自然とありのままの自分に自信が生まれてきます。自然と周囲の世界が味方になってきます。

心のふれあいがあるから、劣等感から人生に多くを求めない。いろいろと課題はありますが、社会に適応して生きていかれる。

▽心の貧富

感情の共有がないのが「感情の貧困化」と言うのでしょう。よく女性がどうでもいい話を延々とやっています。無駄話は、これ大切なんです。

私たち男性よりも、女性の方が長生きするとよく言われるのは、女性はしょっちゅう会話をしているからで、私たち男性は会話をしていないということが挙げられます。

あの無駄話が大切なんです。無駄話は、non-content aspect、内容が問題ではないのです。つまり、「情緒を交換」しているわけであって、「寒いなあ」って言っているだけの話です。「寒い」という「情報を交換」しているわけではない。

だから、共同体感情というのは社会の中で生きていく上には、重要なのです。会話でも内容抜きというのは、共同体の日常生活では重要です。

こうした交流を通して、心のふれあいができてくる。そして自分の価値に自信が持てるから、優越感を求めて必死の努力をしない。

しかし、機能集団では、内容抜きのことをやっては駄目です。会社で会議の時に、内容抜きのことばかり得意になって部長が話していたら、すぐに部長は飛ばされます。機能集団では、内容抜きの話は重要ではないのです。

ところが、共同体では、感情の交流は重大です。だから、先ほども言ったように、この感情表現が不得意な人というのは、どこにいても機能集団にいるのです。どこにいても機能集団なのです。

どこにいても会社にいるのです。共同体にいないのです。共同体にいるというのは、どうでもいいことを延々とやってるわけですから。つまり共同体は、一緒にいること自体が重要なわけです。

共同体感情のある人たちは内容のない話をしていても人生を楽しんでいる。お互いを尊重する気持ちが芽生える。

▽けがの体験的意味

アレキシサイミアというのは、子どもの時にけがをした、その体験に伴う感情を共有してくれる人がいないで成長した人です。

そこで、お母さんが驚いて、「あ、痛かったでしょ、痛かったよね」と抱いてくれる。こうして痛さを共有してくれる人と一緒に成長してくる人もいるわけです。

痛みを共有してくれる、痛い気持ちをくみ取ってくれる。それが痛みの不安と恐怖感を消してくれる。

ところが、すぐにお母さんが驚いて、薬局に行って、赤チンを買ってくる。そういう母親がいるわけです。

子どもは、けがをした痛み、もちろん、それもあります。でもそれだけでなく不安とか、驚きとかそういうものを誰かと共有してもらいたい。それが共有できない人もいます。

それがないと不安と恐怖感を含めた痛みとなる。痛みはすごいことになっています。

そして、お母さんは完全なことをやったと思っている。傷口を治したから。ところが、けがをするという体験は、無人島で体験しているのではなくて、人間関係の中で体験しているのです。

そうすると、けがをしたこと一つとっても、それは人によって全く違う意味を持っているのです。

そのけがをしたという体験を、母親から離れて独りぼっちの寂しさとして体験した人もいます。そうした人は、自分を小さく独りぼっちの孤立した存在として感じます。

また反対に、母親が「驚いたでしょ、大丈夫よ、痛いの痛いの飛んで行け」と癒してくれた人もいます。

そうすると、この時は、痛みに伴ういろいろな驚き、つまり、寂しさとか驚きとか不安とか、それらは癒されて解決します。

子どもは医者よりも母親が助けてくれると思っています。血を見て驚いた不安感、恐怖感、ここでお母さんが来て「大丈夫よ」と言って、抱いてくれる。

母親は不安を取り除く役目です。ここで子どもは共同体を感じ、自分は一人ではないと感じる。世界は自分にとって敵ではないと感じる。

これが感情を共有するということです。ところが、薬局に薬を買いに行き、傷口を治すのは、これが唯一の有効な治療法と思っている人がいるわけです。

そうすると、こうした環境の中で育ったら、それは感情表現の不得意な人になります。なぜなら、感情を誰も共有してくれないわけですから。当然、感情の貧困化、それは同時にパーソナリティーの貧困化につながってきます。

痛みに対する恐怖感は人によって違います。人は人間関係の中でけがをするのです。

第六章　なぜパーソナリティーは貧困化するか

パーソナリティーの貧困化というのは、どうやって起きるのか。けがをした時に、そのけがに伴うさまざまな体験が共有されず、その人の心に残り、感情が貧困化する。そしてそれは同時にパーソナリティーの貧困化になります。

それが成長した時に影響する。いろいろな思い出が自分の中に詰まったままでいる。それが不安にさいなまれている人です。

だいたい、大人になって社会的に成功して人生に挫折するという場合には、パーソナリティーの貧困化があり、学生時代には成績優秀な人です。

student apathy（スチューデントアパシー）というのは、もちろんそうです。student

apathyは、大学生の時、全く無気力になってしまうのですが、調べてみると、小学生、中学生、高校生とずっと成績はいい。

つまり、感情が貧困化して、共同体の体験がないのです。感情が貧困化されている人は不安を抑圧している。

共同体の体験がないから、五感の喪失があって、五感の喜びの体験がなくて、劣等感が強くて、そうすると劣等感というのは非常に強烈な感情ですから、他の感情を全部抹殺してしまいます。

そして唯一の喜びは、他者に優越することになる。若いころからその方向に向かって歩き出す。ここで、自分の方向の選択に大きな間違いを犯す。

その結果、世界は敵に感じる。

本来、家で問題なのは共同体感情です。

いろいろな体験をして友達と、ああ今日、東京の青山一丁目のあそこの喫茶店、あれ、おいしかったな、私も一度入りたいと思っていたんだよ、そうか私もそうなんだよ、という感情の共有があって、豊かなパーソナリティーになる。これが感情表現の豊かな人ということになります。

そうすると、情報の交換は機能集団では重要ですけれども、共同体では感情の交換が重要なのです。

▽共同体で生きる

実際に共同体にいながらも、会話ができないという人は、会社で有能ではないかというと、そんなことはないです。会社に行けば、極めて有能だという人がいます。

だいたいラジオの「テレフォン人生相談」に電話がかかってくる女性のご主人というのは、このタイプです。つまり、家庭では共同体感情の欠如、感情の貧困がありますが、会社では極めて有能です。妻の言葉で言うと、「会社では別人なんです」となります。

英語の言葉に、Success in business, failure in relationship というのがあります。英語の言葉というか、英語の論文に時々出てくる言葉です。Success in business 仕事での成功、failure in relationship 関係での失敗。

だから、妻からすると、「会社では別人」なんです。つまり会社で問題なのは、機能集団的能力なのです。内容を伝える能力です。内容抜きの面ではないのです。

共同体は、会話でも内容抜きの面がありますが、機能集団は、あくまでも内容を伝える能力がなければ駄目です。だから、傷の手当てをして、もう痛くないわよという対処の仕方で、機能集団はいいのです。

Success in business です。

しかし、傷の手当てをして、はいもう痛くないわよというのは、これは、共同体としては、感情の育成ができていない。どうしても感情の貧困化というのは出てきます。failure in relationship になります。

現代の問題は、家庭に生まれるのではなく、会社に生まれてきたような人がたくさん出てきてしまっていることです。なぜか人生に不満を感じるのはこの層です。

やってることは、全部立派です。だけれども、人間関係は全部失敗している。「会社では別人」というのは、そういうことなのです。人間関係で失敗しています。

小さいころ友達とうまく遊びができないような子は、仕事はできても、その後の人生でうまく適応できない。

ですから、母親とお医者さんとの役割の違いが分からない。母親というのは、子どもがけがをした時、当たり前ですが、そのけがについての喜びはありません。驚きや不安を抱きしめて癒してあげるのが母親で、傷の手当てはお医者さんの方です。

お医者さんは、傷を治す能力がなければ困りますから。

つまり、成長の過程で経験のかなりの部分が言葉として共有できる人と、共有できない人とがいるわけです。

この痛みですけれども、要するに、この経験のかなりの部分が、言葉として共有されながら成長した人と、全く共有されないで成長した人とがいるわけです。

▽ブループリント

共有されないで成長した人が、ものすごく一生懸命に、人間関係や仕事をするわけです。努力するのだけれど、人間関係の本質というのは、共同体の本質の部分ですから、全部見当違いの配慮なのです。

一生懸命、人間関係の維持をするけど、相手が求めているものではないのです。

不安というのは、どうしてもパーソナリティーを貧困化します。

痛み体験の記憶は、過去の痛みの体験の「平均像」から生まれます[*16]。

過去は現在の痛みを、判断するための、ブループリントだといいます。これが人によって違う、ということなのです。人によって違う。だから、お互いに理解するのが難しいのです。

「俺は、こんなに一生懸命やってる」というのは、それはその通りです。一生懸命やっているのです。一生懸命やっているのですけど、感情の部分が欠如しているのです。

つまり何が問題かが理解できない。

ですから、現在の痛みを判断するためのブループリント。つまり、私たちの体験というのは、最初に言いましたように、人間関係の中での体験ですから。無人島で体験しているのではないから、人間関係の中で体験しているから、同じ体験でも違っているのです。

ところが、外から見ると同じ体験ですから。試験会場に行けば、みんな同じ教室で、同じ試験問題を解いているわけです。

これを、同じと思ってしまう。だけど、一人一人の立場から見れば、その入学試験を受けるという体験は、あくまでも、その人の人間関係の中での体験です。

その人その人の人間関係の中における成長の結果としての今の体験なのです。そうやって積み上げられたものが、ブループリントになって、さらに今またその人の人間関係の中で、ある体験をしているのです。

痛み記憶は、その始まりから対人関係と深く結びついている[*17]といいます。テーブルの角に頭をぶつけた。痛いと泣く。そこで、母親がどう反応するか。これが、Social Reference 社会的枠組みです。

この社会的枠組みが、人によって全く違う。この Social Reference こそが、その体験に意味を与えるものです。

だから、けがをするという体験は、これはみんな同じです。しかし、その人その人によって社会的枠組みが違う。人間関係が違う。つまり人は人間関係の中で体験しているわけですから。

こっちの人は、こっちの人で、自分の人間関係の中で体験しているわけですから。そうすると、体験そのものが違っても、こちらの人は、自分の人間関係の中で体験していて、その体験の意味づけは、その人間関係の中で行われているわけです。

こっちの人は、その体験をこっちの人間関係の中で体験しているわけです。

子どもがけがをしても、けがをしたということ、そのことに気がつかない親もいます。ですから、先ほども言いましたように、受験で不合格、これは全く違う体験なのです。

お母さんが、落ちたら、家に火をつけて死んでやると言う。そういうお母さん、そういう人間関係の中で体験している人がいます。他方に、元気であってさえくれればもうそれでいい。生きていてくれさえいればそれでいい。この子は私の宝物だと言うお母さんがいます。

そうした人間関係の中で体験しているわけですから、体験の意味づけは全く違います。体験は同じだけれど、体験のもつ意味は全く違います。

▽社会的枠組み

不合格という意味は違って、その後の人生に立ち向かう態度も違う。そして本人は、それが、他人とは違うということに気がついていない。

頭をぶつけた瞬間、声が出ない。声が出るときは、母親を見た時です。ホッとしたからでしょう。その瞬間、母親が何事もなかったように無視をする場合もあります。先ほども言ったように、大丈夫、痛いよね、痛いよね、大丈夫だよ、その傷の痛みを癒しのほうに向けてくれるお母さんとの関係の中で、頭をぶつけた人もいます。

でも、何もなかったように無視するのは、まだいいのです。一番ひどいのは、「あっはっは」と笑うお母さんです。「弱虫だね、ってワッハッハ」と嘲笑する。こういうお母さんは、自己執着がすごくて、自分がどんなに素晴らしい勇敢な人間であるかということを誇示することだけは一生懸命です。

この母親にとって子どもがけがをしたかどうかはあまり関心がありません。自分がいかに立派で勇敢な人間であるかということを周囲に誇示することだけが、その人の唯一の行動の動機です。

そうすると、けがをしたという体験は、全部同じですが、あくまでもそれぞれの人が、それぞれの人間関係の中でけがをしていることになります。

あくまでも、自分が一人でけがをしたと言うかもしれないが、そうではない。あくまでも人間関係の中でけがをしたのです。

だから、最初に述べたように、私たちは、何も、無人島で体験しているのではない。何を体験しても、社会の中で体験している。その体験は、その人の社会的枠組みの中の体験で、その人の社会的枠組みがその体験の意味づけをするわけです。

だから、何もなかったように無視する、あるいは無視される人はまだいい方で、今言ったように、私の知っている例で言いますと、「ワッハッハ弱虫」って笑うお母さんもいるわけです。

そのお母さんにとって、子どもなんか関係ないのです。母親は「私はこんなにすごいんだ」ということを周囲の人に示す。それ以外に何もないのです。

ですから、もう、傷ついた体験はそれぞれの意味づけが全く違います。

今言いましたように、今度はそれが、けがをしたあと「痛いの痛いの飛んで行け」と癒された人もいれば、逆に母親に笑われて屈辱感を味わう人もいるわけです。

嘲笑された子どもの心の傷は、大人になってから、同僚や恋人や社会全体に対する態度に現れるでしょう。世間を信じられない。自分は周囲の世界から受け入れられていない、などの態度として現れるかもしれません。

だから、頭をぶつけたということの体験は、それぞれの人がそれぞれの社会的枠組みの中で、頭をぶつけたという体験が意味づけされるのです。それがその人のその後の人生の生き方に影響してきます。

困難に立ち向かい、人生に対する楽観主義の態度を失わない人もいるでしょう。また逆に人生の暗い面ばかりを見る、頑固な人になることもあるでしょう。

ですから、それぞれの体験は、全部人によって意味が違っています。さらにその後の人生への影響が全く違ってきます。

▽体験の意味

最初に言いましたように、私たちにとって大切なのは、体験に結びついた社会的枠組みを考えることです。体験を反省することよりも、体験を反省することに意味はないとは言いませんが、体験を反省すると体験に囚《とら》われてしまいます。

あの大学に落ちたとか、受かったとか。不注意でけがをしたとか、不注意でけがをしたから注意しましょうというようなことになります。

けがしたから、不注意で転んでけがしたってことを忘れないで、注意しましょうと。これに意味がないとは言いません。だけれども、このような反省の態度で人生の諸問題は、絶対に解決できません。

あくまでも、反省というのは、自分が体験をした時の社会的枠組み、その体験に意味を与えた社会的枠組み、ソーシャルレファランスを考えなければなりません。

どういうソーシャルレファランスで、私たちはそれを体験し、自分はどう反応したのかということです。そしてそのことで、その後の自分の人生の態度にどういう影響があったのかということを反省する必要があります。

あの時の、あの人は意地悪だったか、優しい人だったか、それによってけがは全く意味が違ってきます。体験そのものが問題ではありません。

逆のケースもあります。

唾をつけてもらう。慰められる。心理的に癒される。周囲の人の反応が違うのです。全く社会的枠組みが違う。全く。

この人はこのけがで、共同体感情を獲得していく。社会の一員として立派に成長していくチャンスを得る。自分が社会の中で生きているのだという感情を身につけていく。

つまり、反省するというのは、自分はどういう人間関係の中で、成長したかを考えるということです。

つまり、大切なのは、今、けがとか不合格だとか言っていますが、自分はどういう人間関係の中で成長したか、それによって自分の活動の幅がどう影響されたか、それによって自己イメージにどういう影響が出たのかを考えることが、人生の諸問題を解決していく能力を育成していくキーポイントの一つです。

ですから、現代の問題は、複雑で、怠け者だけが困っているのではないということです。

▽一生懸命の障害

一生懸命やってる人が、人生うまくいかない。

努力しない人が、うまくいかないのは問題ですが、これは、努力すればいいわけですから問題解決は簡単です。現代の問題が難しいのは、努力しているのに、うまくいかないということです。これが問題なのです。人間関係で不満になる人は多い。相手が有利になるのが納得できない。相手の身勝手が不満である。

なぜ、自分はこの人にこんなに不満になるのか？

不満の原因になる土台は、自分のどの時代の人間関係なのか？　自分の成長のどの時代の人間関係が、自分の価値観を作ったのか？

私は何に気がついていないのか？

この反省が人生を開く。

家庭内暴力は大変な問題です。お母さんが一生懸命ではなかったかというと、そんなことはありません。だから、生きるのは難しいのです。

要するに共同体感情なしに、人生の諸問題は解決できないと、精神科医で心理学者のアドラーは言いましたけれども、私に言わせれば、自分がどういう人間関係の中で成長したのか、その時にどう言う価値観を身につけてしまったのかを考えないと、人生の諸問題を解決するのは難しいということです。

つまりこれが自分の認識の仕方を決めているわけです。自分がなぜここでこういうように感じるかということを反省する。認識の仕方というのはものすごく大切です。

受験に失敗した人は受験時代に、学校と家庭で、人生の敗者という「歪《ゆが》んだ」先行情報を得てしまう。

こういう人生が理想だという先行情報を、成長の過程で与えられる。これ以外の人生は皆敗者、惨めな自分になるという先行情報に接しながら成長する。

今現在、すでにいろいろな歪んだ先行情報を取り入れている。その上で新しい情報に接しています。

その今の新しい刺激に対する自分の反応が、あなたの場合、正しいでしょうか？

第七章　なぜ今この感情なのか

自分の今の不愉快な感情は、唯一の感じ方ではない。違った状況なら違った感情が生じている。

マイナスの感情のコントロールが幸せの秘訣《ひけつ》と言われますが、感情のコントロールは極めて難しいものの、ある程度可能です。

例えば、私たちは今日の午前中に何か不愉快な体験をしたとします。そうすると、私たちはその不愉快になった時に、それを唯一の感じ方だと思います。

しかし、違った状況なら、違った感情が湧いているはずです。違った状況なら。つまり、今の不愉快な感情というのは、今の状況と違う過去の体験に影響されている。

結果として、過去の不愉快な感情が、たまたま今の不愉快な感情を引き出している。違った状況なら、違った感情が生じるはずです。しかしながら、私たちはどうするかというと、私もそうですが、不愉快な感情を味わったら、もうこれは不愉快なことだと思ってしまう。

実は、違った人が同じ体験をしても、私と過去の social reference の違う人が今の私と同じ体験をしても、過去の social reference が違うため、違った感情を持つわけです。つまり、何を言いたいかと言うと、自分の、その時の感情は唯一の感情ではないということです。

私たちは、自分が今味わっている感情と違った感情も味わい得ます。

▽囚われ

感情は囚《とら》われに基づいているとエレン・ランガー教授は言いますが[*18]、その通りです。

感情は、囚われに基づいている。つまり、それぞれの体験は、客観的には同じです。くどいようですけど、同じ教室で同じ試験問題を解いていたら、これは同じです。しかし、その体験の認識の仕方が違うから、その体験に対する感情は全然違うわけです。

それぞれの人が、全然違った感情を持って、同じ試験会場で同じ問題を解いているわけです。つまり、感情は囚《とら》われに基づいているのです。

私たちはある感情を体験している。自分が自分の方法で組み立てた感情だとは意識することなく、その感情を体験しているとランガー教授は言います。*[19]

ある受験生は合格することに執着している。競争相手が合格するかどうか心配している。その人はストレスにさらされている。

この人は違った反応もできますが、この人が受験会場でこのような反応をするのには、それだけの背景があります。

私たちは、知らないうちに感情を学習しているのです。自分では気づかないうちに、感情を学習してしまっているのです。

だからこそ、自分がどういう social reference の中で成長したか、それに自分はどう反応して成長してきたかを考えることが大切なのです。

『The Psychology of Happiness』*[20]という本があります。大規模な調査をやり、幸せな人の条件をいろいろ研究している本ですが、やはり、その幸せの一つの条件というのは、マイナスの感情のコントロールなのです。

不愉快なら不愉快、そのマイナスの感情に囚《とら》われ、午前中十時に不愉快な感情に苦しめられた。午後から夜まで引きずって、就寝時にさらにムラムラとなってきて、なかなか寝られない。

感情は囚われに基づいています。このことを盛んに主張しているのは、ハーバード大学のエレン・ランガー教授です。ランガー教授は、だから人間は、この囚われから解放されなければならないと言っています。

そのためには、私に言わせれば、自分はどういう social reference で成長したかということと、さらに自分はどういう反応をして生きてきたかを考えないといけません。

そうでないと自分の、その時の感情は唯一の感情と思ってしまいます。自分が同じ体験をしていても、social reference が違えば、今の自分の感情は違った感情になります。だからそれが「感情は囚われに基づいている」ということです。

先の受験生では、その反省をして少し自立していれば、人生の喜びを少しは感じたかもしれません。

しかし、この受験生がすでに過去に学習した社会的枠組みからの影響に固執していれば、人生に対する幸せを感じることはできません。

▽コントロール可能

したがって、理屈としてはマイナスの感情はコントロールできます。しかし、実行するのは非常に難しい。「非常に難しい」というのは、すでに私たちは感情を学習しているからです。つまり、生まれた時から、先ほど触れたように、生まれた時から、平和なお父さんとお母さんの仲のいい夕食の家庭で育つ人もいれば、生まれてみたら、お父さんはお母さんを殴っていたという家庭で成長してきている人もいます。

そこで、それぞれの体験がそれぞれの人間関係の中で、意味づけされて、今の体験から今の感情を持っているわけです。ですから、そう簡単に、感情をコントロールはできません。簡単にできないということで、「できない」という意味ではありません。今の感情を持つようになった過程をしっかりと見つめ直せば、それは可能だということです。

極端に厳しい人間関係の中で成長した人たちは、パーソナリティーの根底に警戒心や不安定感があります。

幼児期にビクビクして成長すれば誰でも、アメリカの心理学者ゴードン・オールポート(Gordon Allport)の言葉を借りれば「脅威志向」的な態度になるでしょう。

周囲の世界にビクビクしている。パーソナリティーの根底は不安です。「脅威志向」の高い人に、「失敗しても大丈夫だよ」と言っても、なかなか安心はできません。

かつて失敗は現実にその人にとって脅威だったのですから。どんな些細《ささい》な失敗でも大げさに解釈されて責めさいなまれたのですから。

小さな失敗で「お前は駄目な人間だ」と評価されたのですから。

そうである以上、大人になっても小さなことをしようとしても、失敗の可能性に怯《おび》える。

大人になっても小さな失敗でも自分の価値は脅かされると思い込んでいる。

だから失敗を自分の弱点と結びつけて解釈します。

これは既に相手に心理的に負けているということです。

実際には脅威ではない事態を脅威と感じているということです。ウサギをライオンと思い込んでしまっている。

▽解釈が違う

毒蛇ではないヘビを毒蛇と感じているということです。

心に葛藤があるから、外界を脅威に感じてしまう。敵を巨大なものと感じてしまう。小さい敵を、小さいころの経験から強大な敵と感じてしまいます。

なぜ望ましくないことがあると、弱点と結びつけて解釈をするのか？

それは生きているのが怖いから。何かあるといつも「お前のためにこうなった」と責められていたから。小さいころ人生が幸福でなかったから。

失敗という体験が違うのではなく、失敗という体験の解釈が違うから。

癌《がん》に怯《おび》えている人、再発を恐れている人がいます。

胃が痛い。頭が痛い。すると「癌ではないか？」と癌と結びつけて解釈しようとする。

癌を恐れていれば恐れているほど、何かあると癌の再発と結びつけて解釈する。

腰が痛い。癌が腰に転移したのではないかと恐れる。

人によっては、ジョゼフ・ルドゥー（Joseph E. LeDoux）という恐怖感の専門家・研究者によると、人の感情のコントロールは不可能に近いということです。

意識の方はまだ大丈夫ですが、感情のコントロールは非常に難しいということです。

ただ、感情のコントロールができないと、どういう関係の中で生まれたかによってその人の一生は支配されてしまうことになりかねません。

負けず嫌いな人というのは、負けるということが、屈辱感とともに記憶されているのです。

だから、先ほど言いましたように、けがをして無視された方はまだ良くて、けがをして「ワッハッハ弱虫」と笑われたという、そういう環境の中に育てば、負けるという体験はもう屈辱感に強く結びついて記憶されてしまいます。

まさに、感情が学習されて、感情は囚《とら》われに基づいています。

感情は、囚われに基づいている、私たちは知らないうちに、感情を学習してしまうということをしっかり意識しなければ、これはまさに、運命に翻弄《ほんろう》されるだけです。

すくなくとも「自分を信じていれば、こんな気持ちにならない」と気づくことは大切です。

エレン・ランガー教授によると、素晴らしい未来を失う人はみんなこういう人だといいます。

誰でも有意な未来はあるのだけれども、感情から解放されないで、素晴らしい未来を自分から捨てているとランガー教授は言う。

だから、弱いということは、負けるという屈辱感とともに、先ほどブループリントについて言いましたように、記憶されているだけです。

しかし、これは実は、記憶されている、その人の脳の扁桃核《へんとうかく》に感情的記憶として記憶されていて、それが刺激されるわけですから、今の、何か負けるということにいろいろな反応がある。

だから、負けるということが、ものすごく大変な人もいれば、負けるということが、別になんでもない人もいるわけです。負けるというのは単なる事実です。

▽今と過去の体験

今自分が感じている感じ方の遠因はどこにあるのか？

なぜこう感じるのかという隠された真の原因は何か？

今、「ころっと倒されて、ワッハッハこの子弱いから」と母親から笑われた子どもの話をしました。こういうsocial referenceの中で成長すれば、弱いということ、負けるということが、悪いことで、屈辱感とともに記憶されていますから、負けると悔しい。

無自覚に成長すれば感情のコントロールは難しいでしょう。

つまりその人がどういう土壌で成長したかが問題なのです。土壌というのは、今までの言葉を使えば、人間関係です。

どういう土壌で彼、彼女は負けたのか。どういう土壌で彼、彼女は倒されたのか。どういう土壌で彼、彼女は成長したのか。

過去に仲間から倒された時に、その倒されたということが、屈辱感に結びついて記憶される人もいるわけです。そうではなく心の傷を癒される人もいる。

それがブループリントになって、その上に、今負けるという体験をしますから、この負けるという今の体験は、過去のブループリントの上に作られている感情なのです。

つまり、負けたということが問題ではない。弱いことが問題ではありません。負けたということではなくて、負けた記憶が、その始まりから、その人の人間関係の中で負けたことが問題なわけです。

屈辱感と深く結びついている人もいれば、全く屈辱感と結びついていない人もいるわけです。自分の存在価値をよく理解してくれている人の中で負けた人は、困難には負けない。

だから、今、大学受験の発表、高校受験の発表、それぞれの学校の発表があるでしょうが、落ちたという体験が問題ではないのです。

落ちたという体験は、その人の過去の social reference 社会的枠組みの中で意味づけされている。その人はその社会的枠組みの中で、その人の反応をして成長した。そういう人が、それぞれ、「今」落ちたのです。

つまり、今、落ちたということで、屈辱感を味わっていると思っていますが、そうではありません。

すでに、落ちるということが、過去において屈辱感と深く結びついているのです。

そういう人は、その人の反応によって周囲の世界は敵になった。それはそうでしょうね。いつも馬鹿にされるわけですから。

神経症者の父親、神経症的傾向の強い母親に養育されれば、そうなります。

▽神経症の特徴

神経症者というのは、無意識のうちに他人を侮辱しようとしています。だから、自分が生まれて、成長してきた人間関係の中で、自分にとって重要な他者が神経症であった場合に、どうなるか?

その人から、その人というのは、重要な他者のことです。その重要な他者である神経症者は、その人を無意識に常に侮辱しようとしているわけです。

だから、先ほど言いましたように、ころっと倒されたのにワッハッハ弱いからと言うような人は、神経症的な親なわけです。

そうすると、これは常に人を侮辱しようとしていますから、子どもの側からすると、常に侮辱されていることになります。

こうした子どもと親との関係は、悲惨なものです。そうですから社会との関わりがうまくいくはずがありません。

こうして迷惑がられた人もいますが、逆に励まされると同時に助けられた人もいます。励まされたと同時に助けられた人は、その後の人生でも勇敢に困難に立ち向かう。生きることが怖くないからです。

甘やかされてスポイルされる子もいます。こういう子は、弱さを武器にして生きることを学習してしまうかもしれない。卑怯《ひきょう》な子になります。他人の負担で自分は楽をしようとする。

小さいころから与えられたメッセージは人によって全く違います。その全く違うメッセージにより、それぞれの人が全く違った人間になって、この同じ世界で頑張って生きている。嘲笑されることを深く内面化してしまった人もいます。自己表現の機会が奪われる。そういう人もいます。

▽周りは敵ばかり

だからそういう人にとっては、周囲の世界は敵です。なぜなら周りにいる重要な他者が常に自分を侮辱しようとしているのですから。自分にとっての重要な他者との関係は、その人の世界の関わり方に影響します。

先の"Don't be"ですが、「お前はいない方が良い」と言われているわけですから、屈辱的です。

周囲の世界は、常に自分に屈辱感を与えました。そうなれば、常に身構えます。そうですよね、人に会えば、この人は自分を馬鹿にしているのではないかと恐れる。警戒感の強い人になる。不信感の強い人になります。

例えば、今僕が講義していて、一時間半講義してどのくらい疲れるかというと、これは私の過去の social reference が影響しているわけです。私の過去の social reference が私の今の心構えに影響します、それが私の社会との関わりに影響します。

つまり、周囲の世界は常に僕に屈辱感を与えていたとします。そうなれば、私は常に身構えます。

私は話をしながら、みなさんに馬鹿にされるのではないかと常にこうやって緊張するわけです。これは疲れます。

ところが、みなさんが私をそういうように侮辱するんじゃないかと身構えているのと、私の味方だと思っているのでは、まるっきり私の疲れ方は違います。

みなさんのことを、一緒になって人間関係のことを学ぼうと思っている仲間だというふうな認識の仕方をするか、僕を侮辱しようとしているというふうに認識するかによって、私の考え方、感じ方、疲れ方は全然違います。

私はここでいろいろな感情を持つ可能性があります。権威主義の家で成長して、人に対して迎合する態度が身についているとします。

中には、なんにでも迎合する人がよくいます。恐怖感で成長すれば、自分を守るために周りに迎合します。迎合することで、自分を守ろうというのは、身のよりどころがない人にとっては避けられない。

例えば今私が、みなさんに迎合して講義しているとします。するとなんとも自分が自分にとって頼りなく感じます。そして疲れます。

私は何も今ここで「自分が自分にとって頼りなく感じる」必要はないわけです。

全体として私たちの感情や意識や認識の囚《とら》われについて、自分が自分にとって頼りなく感じたとすれば、それはまさに、感情は囚われに基づいているからです。

問題意識として「自分のパーソナリティーはこうして形成されてきたのだ」ということを正しく理解すること。それこそが大切です。

▽正しい反応こそ

間違った認識から　間違った感情、つまり「侮辱された」という感情を持つ。

客観的に「ない」ものを「ある」と認識したり、あるものを「ない」と認識したりする。

今の自分のこの反応は正しいか？

あなたは自分にそう問いかける必要があります。

小さいころは、自分は愛を求める人の中にいた。でも今は愛を与える人の中にいる。かつて、敵意の人の中にいた。今は違う。

でも同じ刺激に同じ反応をする。

ある時、あるシチュエーションで意味を持っていて、そして、他のシチュエーションでそれが全く意味がないような状況でも同じ行動をとってしまうことを、マインドレスネスとエレン・ランガー教授は言う。

その人と関係を断ち切ることが幸せになる道なのに、その人にしがみついていないか？

誠実な人が、こちらに好意を持ってくれている側にいるのに、それに全く気がついていないのではないか？

自分の笑顔が素敵だと思って、無理して笑顔をつくって、不誠実な人にもてあそばれていないか？

誠実な人は、あなたの泣いた顔を素敵と思っているかもしれない。

人生は悩んでいるうちに、どんどん終わっていく。間違った反応をしている人はそれに気がついていない。

【第1部　参照文献】

＊1　H・フロイデンバーガー（１９８１）『燃えつき症候群（バーン・アウト・シンドローム）―スランプをつくらない生きかた』（川勝久訳）三笠書房

＊2　D・カイリー（１９８４）『ピーター・パン・シンドローム―なぜ、彼らは大人になれないのか』（小此木啓吾訳）祥伝社

＊3　Adler, A. (1998), *Understanding Human Nature.* (C. Brett, Ttrans). Center

＊4　*Ibid.*, p. 136.

＊5　Horney, K. (2000), *The Unknown Karen Horney.* (Bernard J. Paris, Ed). New Haven, CT : Yale University Press, p. 22.

＊6　*Ibid.*, p. 129.

＊7　E・ランガー（２００９）『心の「とらわれ」にサヨナラする心理学―人生は「マインドフルネス」でいこう！』（加藤諦三訳）PHP研究所、52頁。

＊8　D・ウェイトリー（１９８６）『成功の心理学―勝者となるための10の行動指針』（加藤諦三訳）ダイヤモンド社、99頁。

＊9　ランガー、前掲書、52頁。

＊10　E・フロム（１９６６）『人間における自由』（現代社会科学叢書）（谷口隆之助・早坂泰次郎訳）創元新社、１３１-１３２頁。

＊11 Horney, K.（1950）, *Neurosis and Human Growth*. New York : W. W. Norton & Company, p. 166.
＊12 May, R.（1977）*The Meaning of Anxiety*. New York : W. W. Norton & Company, Rev. ed., p. 40.
＊13 *Ibid*., p. 143.
＊14 H・テレンバッハ（１９７８）『メランコリー』（木村敏訳）みすず書房、１５６頁。
＊15 テレンバッハ、前掲書、１５７頁。
＊16 丸田俊彦（１９８９）『痛みの心理学― 疾患中心から患者中心へ』（中公新書）中央公論社、40頁。
＊17 丸田、前掲書、40頁。
＊18 ランガー、前掲書、２５３頁。
＊19 Langer, E.（1989）*Mindfulness*. Boston, MA : Da Capo Press, p. 175.
＊20 M・アーガイルの *The Psychology of Happiness*（1987）は、『幸福の心理学』（石田梅男訳）のタイトルで１９９４年に誠信書房から出版

第2部　新・人間関係論【人を見て態度を変えよう】

第一章　体は現在、心は過去に

人は現在の刺激に対して、過去の自分で反応している。
人は過去に学習したものにより今に反応してしまう。

私たちは、毎日何かあって、ある気持ちになります。愉快になってみたり、不愉快になってみたり、得意になってみたり、侮辱を感じてみたり、嬉しかったり、悲しかったり、いろいろな感情になります。

そうすると、私たちはある人と接して感情が湧き、その湧いた感情を、その場で生じる唯一の気持ちだと思っています。いろんな感じ方があるのに、湧いた感情を唯一のもののように感じています。

例えば、みなさん、今日午前中に誰かと接していて、不愉快な気持ちになったことがあるとします。そうすると、その不愉快な気持ちになった時に、その不愉快な気持ちというのは、唯一の気持ちだと思っているのです。

たまたま、その場だから自分が不愉快になっただけの話で、それは、なにも不愉快になる必要は全くない。違った反応もあるわけです。同じ刺激に、当然違った反応があるわけです。たまたま自分がその刺激に対して、そういう気持ちになったという、そういう反応をしたということだけです。

▽無意識に反応

例えば、みなさんがもし、小さいころから神経症的傾向の強い人と一緒に暮らしていたとします。

そうすると、神経症者というのは、無意識に人を侮辱しようとしています。

神経症者というのは、敵陣にいるようなものですから、無意識に人を侮辱しようとしているのです。

「神経症者は、他人は自分に対する攻撃者（offender）だと見なす無意識の意図（unconscious interest）を持っている」[*1]といわれます。

また逆に周囲の人が自分を無意識に侮辱しようとしていると思い込んでいます。

そうすると、神経症的傾向の強い人の中で、成長してきた人がいるとします。その人が、大人になり四十歳の時、ある人と話をした。そしてある時、ふっと不愉快になったとします。

そうすると、その時のその不愉快になった気持ち、それが自分の唯一の気持ちと思い、それが正当だと思っているのです。

たまたま、自分が不愉快な気持ちになっただけで、なにも、そのコンテクストそのものから考えると不愉快になることではないのです。体験そのものは、そしてその意味は、中立的なものですから、その体験というのは、全ての人にマイナスではありません。

たまたま、その人の言うことにより、「今の私」が不愉快になった。その状況で、他の人は違った感情になるかもしれません。

なぜかと言うと、私は、小さいころから、神経症的傾向の強い人に囲まれて成長してきた。私の成長した人間関係の中には、神経症的傾向の強い人が多かった。

そうすると、日常生活で常に無意識に侮辱されて成長しています。

要するに、自分は周囲の人から侮辱されるということを学習しているわけです。いつの間にか、そういう自己イメージを持っています。

小さいころ、自分が体験してきた時の社会的枠組みは、自分独自のその時の社会的枠組みであり、それと全く違った社会的枠組みの中で、同じ体験した人もいるとは思いません。

十歳までと違って、三十歳、四十歳、五十歳になっている時には、全く別の人と接しているとします。コンテクストは全く違っているわけです。

だから、相手は、全く侮辱するつもりがなく言った言葉に、猛烈に不愉快になることはあるわけです。

生活習慣病という言葉がありますが、感情習慣病のようなものもあります。生まれて小さいころから、いつも侮辱されて生きてきた。大人になってもそのように感じる。

「あなた馬鹿ねえ」という言葉は、本当に馬鹿だねえと、侮辱する言葉の場合もあるし、親しさを表現する場合もあるし、要はいろいろな意味の場合があるわけです。

だから、一つの刺激に対して、反応はたくさんあるのですが、その中の一つの反応を、自分が選んだとは思わない。

なぜ、その中のその反応を選んで、自分の今の気持ちになったかというと、それは過去にコンテクストを学習してしまっているからです。つまりハーバード大学のエレン・ランガー教授が言うように、「感情は囚《とら》われに基づいている」ということです。

そしてあの人は不愉快だと思い込む。さらにそれが唯一の正しい反応であると思い込む。

▽過去の影響

例えば、自分が十五歳まで、不誠実な人が多い中で成長したとします。そして、三十歳、四十歳、五十歳になって、誠実な人と面と向かって話をしています。

しかし、今目の前にいる「四十歳の人」の言うことを信じないことが多い。

今は四十歳で、小さいころとはコンテクストは違っているのですから、違ったコンテクストでは、違った感情が生じるはずです。ですから、全然違った感情が生じていいのに、昔の感情を学習していますから、その人の話を信じないのです。

北海道を旅しているのと、沖縄を旅しているのと違うみたいに、全く違っているわけです。

ところが、小さいころの体験でコンテクストを学習していますから、自分は沖縄を旅しているのに、北海道を旅していると思っています。

違ったコンテクストの中にいても、過去のコンテクストを学習しているから、その過去に学習したものにより今に反応してしまう。

もうすこし一般的に言うと、要するに、体は現在にいますが、心は過去にいるのです。

学習したということは、そういうことです。

過去の経験が現在の反応を決めてしまい、その人からコントロール能力を奪う。*2

現在はコントロールが可能なのに、可能でないと感じてしまう。

昨日、ある人から相談がありました。いろいろあって、とにかくお医者さんに行きましたが、お医者さんとうまくいかないわけです。

というのは、それは、話を聞けばよく分かる。ああ、なるほど、そうだなと分かる。要するに、その人はお医者さんを信じられないわけです。

そうすると、お医者さんも、患者さんを信じられません。そして、相互に信じられてないわけです。

「この患者、嫌な患者だな」「この医者、信用できないな」と相互にそう思う。これで、治療行為がうまくいくはずがありません。

これは、もうヒポクラテスの昔から同じです。ヒポクラテスというのは、人類最初の医師といわれる人です。古代ギリシャの時代から、医者の態度というのは、患者の治療に影響するといわれています。

だから、この人は、お医者さんに行っても、治療がうまくいかないわけです。この人が、今の刺激に、今の自分が反応すれば、信頼できていたかもしれません。

第二章　今の刺激に今の自分で反応する

人間が自立するというのは、今の刺激に今の自分で反応するということです。

ところが、今の刺激に、先ほど言ったように、過去の自分の心で反応する。だから、体は今にあるのですが、心は過去にある。

これは、ジョージ・ウェインバーグ（George Weinberg）という、ニューヨークの精神科医として、世界で最も活躍している医師の話です。活躍しているということは、実績を表している、心の病んだ人の治療に成功していることです。

うつ病の人とか、神経症の人とかいっぱいいる、そういう人の治療に成功しているわけです。

そのウェインバーグが、どういうことを言っているかというと、「人間は過去から自由ではない」と言っています。

このウェインバーグの言葉を、僕が訳すというと、こうなります。ウェインバーグと私の名前を並べるにはちょっとおこがましいのですが、僕流に解釈すれば「人間は、過去の人間関係から自由ではない」ということです。

▽自由を縛るもの

「人間は、過去の人間関係から自由ではない」。これが、前に言った「コンテクストが学習される」ということなのです。ずーっと、その過去を引きずって、生きてしまう人がいます。

そういう人は、かなりいるわけです。

先に、失敗したことをあれほど責められている子どもは日本以外に世界にいないと言いました。要するに、否定的評価だって、それは恐怖感になる場合もあれば、恐怖感にならない場合だってあるわけです。

例えば小学校で難しい課題を出された。その時に、ある母親は「先生、あんなこと言われたって、うちの子には無理だよ」と言っている。そう言っている親がいたとします。しかし、この母親にとっては、どんなに出来が悪くても、世界中で、自分の子が一番大事です。I love you, because you are you. なのです。つまり、これが共同体なのです。

ところが、共同体を体験しない人は、自分は劣っているから受け入れられないという解釈になってしまう。そして人生に対する幸せな心構えを失ってしまう。生産的態度を失ってしまう。

だから、共同体を体験した中で成長した人と、共同体的体験なしで成長した人とでは、同じことに全く違った反応を示すのです。

だいたい、失敗した人ほど、過去の侮辱から成功を望んでいます。失敗によって、侮辱されていますから。不安だから成功を強く望むのです。人生の暗い面ばかりを見がちです。だから、ピンチなんかに弱いです。失敗したら大変だとプレッシャーになるから能力を発揮できない。

野球の選手なんか、メジャーリーガーなんかでも、ピンチに強い選手というのがいるわけです。それは失敗が怖くないからです。そのピンチの時に、自分がやるべきことは何か、そのことに集中します。

かつて、東洋の魔女といわれたバレーボールのチームがありました。大松監督が活躍した時です。

ある選手は、ピンチに頼りになるのがエースだと言います。ピンチの時、緊張する人はエースになれない。要するに、ピンチでも冷静に行動できる。失敗が怖くない。冷静に自分がやるべきことは何かを考えて行動する。それがエースというわけです。

難しいことだが、不可能ではない。

「自由の身になれない捕虜が、いったい何を期待できるだろう。自分自身に勝つことができなくて、人生に何が期待できるだろう」「勝つことだけを思い描きなさい。むだにできる時間はないのだから」[*3]という言葉があります。

自分自身に勝つことほど難しいことはない。しかし不可能ではない。過去から自由になることは、自分自身に勝つことでもある。引用した言葉はそのことを示しています。

自分自身に勝てなかった人は、他人を責める。責任転嫁する、それが自分自身に勝てなかった人の特徴の一つです。

だいたい引きこもりは責任転嫁をしています。

「失敗は常に責められるという不快感と深く結びついている」という人もいるし、そういう場合もある。そうなれば、大人になっても、失敗は恐ろしい。失敗そのものは、決して恐ろしいわけではありません。失敗すると、小さいころに怒られた体験があるから、失敗を恐れているだけです。

失敗するとぱっと言い訳を始める人がいます。こちらは「そんな、なにも聞いてないよ」というふうに思う。

言い訳する人というのは、こちらが聞いたなら、言い訳するならいいわけです。ところが、なにも聞いてないのに、まず会うと言い訳する人がいます。

それは恐ろしいものです。

▽ひとりよがり

会社に入って、お互いに初めてで、お互いに名刺を出して、挨拶をします。

すると「実は私、この会社に入りたかったわけじゃなくて、この会社の入社試験の時にどうで、別の会社に入ろうとして、どうでこうで」と始まる。

いや、なんにもその話聞いてないんですけれどもって言いたい。こちらの気持ちを無視してとにかく、言い訳から入る、そういう人がいます。

この人は、全く現実と接していない。現実と接している人は「なんで、あなたはあの会社じゃなくて、この会社なの？」って聞かれて答えます。

こちらが聞いているなら、別です。こちらはなんにも聞いていないのに、言い訳を始める。

ですから、心理的健康の一つは「現実に接している」ということなのです。

心理的健康の一つは、「現実に接している」です。

これ今、この人現実に接していないでしょう。現実は違うのですから。

要するに、その人は想像の中にいるのです。もう幻想の中で生きている。幻想の中で生きている人、大変多いです。

自分は聞かれていないのに、聞かれている気がするというのは、こう思われるだろうと想像しているわけです。そして、その想像することの内容は、すでに過去に学習しているわけです。

「感情はとらわれに基づいている」というのは、エレン・ランガー教授の主張です。

このエレン・ランガーさんは『MINDFULNESS』という本に、「感情はとらわれに基づいている」「過去のコンテクストを学習している」「そのことで、いかに多くの人が有意な未来を失っているか」といった趣旨のこと[*4]を盛んに書いています。

現実に接していれば、誰にも洋々たる未来があります。

先ほど話した、お医者さんと患者さんとの相互の不信感です。

この治療はうまくいかない。

しかし必ずしも治療は、うまくいかないわけではない。

うまくいって、どんどん、どんどん未来が明るくなる可能性があるわけです。おそらく、この人はここでまた治療が失敗して、どんどん、どんどん人生が悪い方向にいくでしょう。

お医者さんの方も、治療はどんどん成果を上げていくということはないでしょう。患者さんに対して自分の権威を守ろうとして、そこにエネルギーを消費して未来を失います。

お互いに相手が自分をどう見ているかに気を取られて、現実の相手を見ていない。現実感覚がない。

要するに、「感情はとらわれに基づいて、コンテクストは学習される」ことによって、いかに多くの人が自らの有意な未来を失っているか、いうことです。

▽過去をどうするか

その時の生き方が生産的であれば、未来は洋々としています。ところが、本人自身がそれを拒否している。

もう、「過去を投げ出せ」ということです。もう、想像していることは、みんな過去の学習したことですから。

斜に構えた人々は今に接していないという人たちです。過去に囚《とら》われて人生を失う。ですから、先ほど言いましたように、大切なのは現実に接することだというのは、そういうことです。

人を見ても、そうです。過去に学習したことにより、今目の前にいる人を見ているという人はいるわけです。

そういう人は、違う人を同じ人のように見てしまうわけです。

自分は、今墓地にいるのに悲しくならないで、パーティーにいるように陽気になっているようなものです。

例えば、人間不信の人がいます。こういう人は、誰に会っても信じられません。

確かに、過去にその人は、信じるに足るような人と接しないで生きてきたのでしょう。だから、「人間なんて信じられない」と思っているのは、それは分かります。信じられる人と接しないで生きてきたのですから。そして、人間不信になった。

しかし、今、目の前にいる人は信じられるかもしれない。それにもかかわらず、その人は当然この人も信じない。

今目の前にいる嫌な人に心が囚《とら》われてしまうのは、その人を通して今までの嫌な人について蓄積された感情的記憶が心の底に燃え広がり始めるからです。

山火事と同じです。今目の前にいることが引き金的記憶になって、過去の嫌な人の感情的記憶が心の中で燃え広がっている。

要するに、カテゴリーで考える人というのは、みんな過去に囚《とら》われている人です。自分の過去をカテゴリーで見ることで、潜在的可能性を失う人は多い。何かの資格の取得に失敗した。すると自分を失業者というカテゴリーで見る。

長年にわたって一面的視点で、見ていると、それが性格となってきます。

不安な人ほどカテゴリーで考えます。決め込む方が安心できるからです。

傷ついた自我は、生ゴミみたいなものです。過去の体験から生じたものです。

不必要なものです。捨てればいい。

生ゴミを捨てられない人は、気難しい人間として生涯を閉じる。

▽電信柱にお辞儀

カテゴリーで考えるというのは、「若い女性は」とか、「官僚は」とか、「中国人は」とか、「アメリカ人は」とか、「高齢者は」とか、人を見ないでカテゴリーで相手を見ています。

「私たちの心が、過去に作られたカテゴリーや区別（男らしさに女らしさ、年寄りに若さ、成功に失敗など）にあまりにも厳密に依存しているときである。区別が一度作られてしまうと、それがひとり歩きを始める」[*5]というわけです。

カテゴリーで考えるというのは、その人の現実を見ていないわけです。現実を見ていない。だから、違った人に同じに対応するわけです。

高齢者はこういう人、若い女性はこういう人、現役合格者はこういう人、若い先生はこういう人、浪人生はこういう人。そういう見方です。現実のその人を見ていない。

違った刺激が入っている。しかし、カテゴリーで見ているから同じに見ている。

「マインドレスネスの人は固定観念に縛られている。妻はこうでなければいけない、男はこうである、などという固定観念で生きている。外で働くより家で料理を作ることが女の喜びという固定観念を持っている女性で、実は外で仕事をすることに向いている女性はたくさんいる。やってみれば楽しく、かつうまくいくことを、失敗すると思いこんでいたりする人は多い。大抵の人が食わず嫌いなのである」[*6]。

私は、この本のその箇所に次のような説明を書いた。

「選挙に立候補した人が、夜思わず電信柱にお辞儀したという話しを聞いた」。オートマティックな行動である。今という現実と接していない。電信柱という現実と接していない。
私たちは日常接する人のどの点に自分の注意を払っているだろうか。過去のカテゴリーに囚《とら》われて、ある点だけに注意を払い、別の点に注意を払わないでいることはないだろうか。「ある時、ある状況」で意味を持っていて、それが全く意味がないような他の状況でも同じ行動を取ってしまう。

相手が言ったことを相手が言ったことの意味において理解できない生真面目な人がいる。相手が軽い冗談で言ったことで、相手が言ったあとすぐに忘れていることを真剣に受け取る人がいる。聞き流すことができない。相手がどういう状況で、そのことをいったのかということを考えないで言葉どおりに解釈していく。柔軟性がない。

とにかく現実に接しないで生きてしまった人は多い。そういう人は自分の潜在的能力を抑制して生きてきた。この人たちがパーソナリティーの貧困化した人であり、不幸な人である。

「勝者は、自分の能力を信じている。彼らは、自分であることに誇りを持っている。自分の価値に対して自信をもっているから、自分を愛するように他の人々を愛することができる[*7]」。

自分の能力を信じているということは、競争社会における優越の能力の大きさではない。自分自身である能力である。仲間と心がふれあうことのできる能力である。力を追求する能力ではない。仲間意識も持つ心構えです。

第三章　人生で大切なことは人を見て態度を変えること

私の友人で、四十年間以上、社会奉仕活動をしている人がいます。たまたま若いころ企業を立ち上げて、大成功したものですから、財団を作って、もうけた利益を、困っている人を援助することに充てました。困っている人を助けることに自分の人生を捧げた。

高齢者については、高齢者の施設で何か必要なものがあれば、それは買う。若い人で、例えば外国から来て、アジアの国から来て、国から送金が無くなり、日本の大学をやめなければならない人には、授業料を出してあげるということをしました。

四十年間以上、ひたすら自分の利益をずっと社会的なことに捧げた。

その人に、「人生で大切なことって、なんだと思う？」と聞くと、「大切なこと？　人生で？　それは、人を見て態度を変えることだよ」と言いました。

「なるほどな」と私は思いました。

▽ひとくくりで見る

世の中には信じられる人もいるし、信じられない人もいるわけです。信じられる人と、信じられない人とを間違えては生きていけない。

その人は、寄付をしているわけですから、ずるい人がお金をもらいにたくさん来る。同じ人間だと思っていたら、もう、たちまち巨万の富は消えてしまいます。

だから、人を見て態度を変える。

あ、これはずるい人だな。あ、これは信じられる人だな。これは本当に困っている人だなな。これは困った顔をしているけど本当は困っていない人だな。とにかくカテゴリーで見ないで、目の前にいるその人を見る。

だから、四十年間以上そういう寄付が続いているのです。それは、まさに彼が、現実に接しているからです。

東南アジアの若い学生にだまされたとします。すると決して「東南アジアの人は信用できない」とは言わない。次に東南アジアの若い学生が来る。「この東南アジアの学生は信用できる」と見れば、大学卒業まで経済的に世話をする。

今、目の前にいる人の刺激に対して、今の自分が反応しているわけです。ところが、カテゴリーで見る人というのは、現在に接していない。

どうしても人間は、体は現在にあるけれども、心は過去にあるになりがちです。

もちろん、これを逆に利用している治療方法もあるのです。

アメリカのボストンの近くに、ベス・イスラエル病院という非常に先端的な治療で効果を上げている病院があります。

その病院が、朝一時間、患者さんに瞑想《めいそう》の時間を与えています。そして、何をするかと言うと、「今あなたが、一番好きな場所にいることを想像してください」と言って、目をつむり、そこにいる自分を想像してもらう。

つまり、体は病院にいるけれども、心はその人が一番、居たい場所にいる。不思議な感じがしますが、これが大変な治療効果を上げています。

心と体というのは、非常に関係していますから、心がその人の一番行きたい所に行って、安らかな気持ちになる。

両者はひとつの大きな併発反応の一部なのです。*8

ところが、これと逆の人というのも、またいるわけです。現実には。心はここにない。周りに誠実な人で、信頼できる人がいるのに、誰も信頼していない。

これは、引きこもったりする人は、みんなそうです。信頼できる人がいれば、引きこもる必要はないですから。

だいたい人を信じられて、人とコミュニケーションできれば引きこもりにはならない。引きこもりには人を信じる能力がないのです。

▽人はまちまち

「誰も私の気持ちを分かってくれない」と言う人は、みんなそうです。

「誰も私の気持ちを分かってくれない」と言う人は、「私は誰の気持ちも分からない人」なのです。

自分のことを分かってくれる人もいれば、分かってくれない人もいます。あ、この人は分かってくれないな、と理解する。逆に、この人は、説明したら分かってくれるかもしれないと思い努力する。

要するに、先ほど言った、人を見て態度を変えるというのが、現実を生きる知恵です。いろいろな人がいますから。

先ほど触れた「感情はとらわれに基づいている」と言う主張をしているエレン・ランガー教授は、マインドレスネス（mindlessness）という言い方をしていますが、逆にマインドレス（mindless）な人というのは、カテゴリーで人を見る人です。○○大学を出た人は、という見方です。○○大学を出た人はこうだ。この職業の人はこうだ。弁護士はこうだ。医者はこうだということです。

カテゴリーでものを見るのは、mindless です。

それに対して、現実のその人を見るというのがマインドフルネス（mindfulness）という態度です。

エレン・ランガー教授の主張は、マインドフル（mindful）な人は、人生の諸問題を解決できると言います。さらに人生のトラブルは圧倒的に少ないと言います。mindless な人は、人生のトラブルが多いと。

それはそうです。「弁護士は」というカテゴリーで弁護士を見たら危険です。弁護士と言ったって、悪徳弁護士から、もう正義の味方までいっぱいいるわけですから。しかし、それをカテゴリーで「弁護士は」と見てしまうわけですから、mindless な人は。だから人生のトラブルが多い。

逆に、mindful な人は、人生のトラブルが少ない。それはそうです。実際にその人を見て判断するわけですから。

先ほどの四十年間以上、ただひたすら自分のもうけを全部寄付してきた人についても、人を見て態度を変えるというのは、mindful なわけです。

mindless な人は、職業なら職業で人を見るのです。現実に接していない。現実のその人はどうかという視点で人を評価しない。

▽褒め言葉が侮辱に

私が言いたいのは、自分が不快感を持った時に、それは、たまたまいろいろな可能性の中から、自分が不快という感じ方を選んだのであって、そのこと自体が不快なことじゃない、ということをしっかりと覚えている必要があるということです。

もしかしたら、侮辱されて落ち込んでいるときも、それは、本当は褒め言葉かもしれません。相手のことを思えばと言っている褒め言葉を、自分に対する批判と受け取る人だっているわけです。

アメリカで離婚の裁判を長らくやっていた裁判官がいます。何十年間もやっていました。その裁判官、カーネギーという人が、本の中で書いています。

離婚の一番多い原因は、妻の口うるささだと挙げています。

そうだろうなと思いました。私の解釈は次の通りです。

裁判官が言っているのは、裁判官の個人的印象です。

本当の離婚の理由についての調査はあります。離婚の原因で一番多いのは、コミュニケーションできなくなったということです。カーネギーの話は、裁判官の印象論です。

その裁判官は離婚の裁判をやっていました。妻の口うるささが耐えられない、離婚しようとする夫がそう言っているのです。

次は私の解釈です。

これは、口うるささではないと思っています。

妻が言ったことを「またうるさいな」という、この受け取り方は、小さいころ、母親の言うことが「うるさいな」と感じていたことにつながります。母親が「勉強しなさい、勉強しないさい」と言う。小さいころ、勉強しないと「勉強しろ、勉強しろ」とうるさいので、いつも母親を「うるさい」と感じていた。

そして「勉強すりゃいいんだろ」という反抗的な受け取り方をしていた。そういう子どもがいるはずです。

要するに、相手から何か言われることがもう「うるさい」というふうに、学習しているのです。

だから、そのすでに学習したことによって、違ったコンテクストでも「うるさい」と認識します。

自分の母親と妻とは、これは別の人です。まさに、別のコンテクストでは別の感情が発生するはずです。

ところが、その離婚した夫の方は、妻が口うるさいというのは、過去に学習したコンテクストで、今の妻の言葉に反応している。だから些細《ささい》な言葉でも、ものすごく不愉快なのです。

「ずいぶん俺のことをいろいろ考えてくれているんだな」と思ってもいいわけですから。しかし、確かに、夫にとっては口うるさくて、もうたまらないわけです。

体は病院で話しているのに、心は警察署で話しているようなものです。

▽依存症

世の中には　勉強依存症という子どももいるわけです。アルコール依存症と同じです。酒を飲まないといられないように、勉強しないではいられない人です。

それは、なんで勉強依存症になったかというと、とにかく勉強すれば、あのおふくろのうるささから逃げられると思っているからです。

何かから逃げたのが依存症なのです。仕事も嫌だ、家庭も嫌だ、酒でも飲んでなければやっていられないと言ってお酒を飲みにいくから、アルコール依存症になるのです。それと同じで、「ああ、もうたまらない。勉強していれば、とにかくあのうるさいおふくろの言葉から逃れられる」と思ったら勉強依存症になる。

要するに、勉強したいから勉強しているのではない。うるさい母親から逃げようと思って勉強したのです。だから、これは勉強依存症なのです。勉強せずにはいられない。

要するに、否定的評価にしろ、何にしろ、これは、自分がどういう雰囲気の、どういう人間関係の中で成長したか、ということが重要なのです。

そのことをしっかりと理解しない限り、今の自分を直そうと思っても治らないです。

同じように、相手を見るときも同じです。

前にも書いた通り、体験そのものを反省するのではないのです。どのような過去の人間関係の中で、そのことを体験したかがカギなのです。

体験を反省するのではありません。その体験をした時の、自分の人間関係はどうだったかということを反省する、ということです。体験を反省するだけなら、反省をする必要はありません。

▽人間関係を顧みる

あの時に自分はどういう人間関係の中にいたのか。あいつはどういう人だったか。あの人は自分をどう見ていたのか。なぜその場から逃げなかったのか。なぜ黙ってそのことを体験したのか。

あの人は虚栄心が強かった。うぬぼれが強かった。だから劣等感の塊だった。人生を悲観的に見ていた、などなどです。彼らは私のことを軽くあしらうことで、心を癒していた。

つまり、その自分の体験した社会的枠組みが、その体験の意味づけをしたわけです。ですから、そこでそういう反省をすることが重要です。ああ自分の心理的ゆがみを治すにはこういうふうにすればいいんだなというのが分かってくるわけです。

体験だけ反省しても、人間の成長には役に立ちません。

そうではなく、ああそうか、あれを体験した時、自分がこういう社会的枠組みで、こういう人間関係の中にいたんだ、そしてああいう反応をしたんだと気がつく。

困難を解決しようとするのではなく、逃げることばかり考えていた。だから困難を乗り越える態度が身につかなかったと気がつくかもしれない。

「それから三十年、自分は現実を敵と思っていた」と自分の囚《とら》われに気がつく。みんな現実は、自分のことを批判すると思っていた。若いころ、あの人間関係の中で生きていれば当たり前のことだな。でも今はそんなことはないんだ。現実は私の味方だってこともあるんだと気がつく。

ああ、あれを体験した時は、あいつと、あいつと、あいつが、そこにいたな、と思い出す。その「あいつ」との深い関係を反省しない限り、何をやったって性格を変えるためには絶対、意味がないです。

なぜあんな人と、あそこまで深入りしてしまったのかと、その時の自分の心を反省しないと道は開けない。

ああそうか、あいつとの深い関係が、自分の心の歪《ゆが》みを作ったんだなと理解できれば、性格は望ましい方向に向かって変わり始める。

だから、自分に心理的歪みがあると思っている人は、その自分の現実と接していることが、心理的な健康の一つの条件だと理解する。それをすると、現実と接するようになれるわけです。

自分の心理的歪《ゆが》みを直すためには、自分が成長した社会的枠組を正しく理解する必要があります。それに対して自分はなぜあのような反応をしたのか？

自分はどういう雰囲気の家庭で成長したか？

若いころ、どういう雰囲気の仲間と接していたのか？

憎しみという空気を吸いながら成長した人は、現実を敵と思う。

そうした人間関係の中で、困難と立ち向かうよりも逃げることを学習してしまったと気がつく。不愉快な気持ちを学習してしまったと気がつく。

ですから大切なのは、自分は今までの人生でどういう人と関わりあってきたか、ということを真剣に思い返してみる。忘れていることを一つ一つ思い出してみることです。

▽体験は幻影

自分の体験と思っていることが自分の体験ではないことがあります。

もし、この講義で試験問題というのを出すとすれば「この二週間の間に、あなたはどういう感情に自分は囚《とら》われていることに気が付きましたか？」という試験問題にします。

もちろん、そうしたら、「私は、こういう感情に囚われていました。そして、その感情は、こういう人間関係から生じていました。私がこの感情から、囚われないためには、この時の人間関係をしっかり理解し、なぜ私はあのような反応をしたのかを理解することです」と答えるのが正解です。

今、うつ病というものが盛んに議論されますけれども、「うつ病者とうつ病でない人との、体験は同じようなものである」とアーロン・ベック（Aaron T. Beck）は言います。

アーロン・ベックは、うつ病の研究者としては、もっとも大きな業績を残した一人です。うつ病というと、何かつらい体験をしていると思う人がいます。普通の人はそう思うでしょう。死にたい、死にたい、と言っているのですから。

「うつ病とうつ病でない人っていうのは、体験は、同じ」。アーロン・ベックの言葉を使えばsimilarで、同じようなものだということです。

「私はうつ病です」と治療に訪れた人に、まず、彼が「どういう態度で接するか？」。

次のようです。

要するに、「うつ病です」「ああそう」と言って、抗うつ剤を出すというのは、医者として失格ということです。

彼は「なぜこの人は、うつ病と言ってここに来たのかな？」ということを診るというのです。なぜこの人はうつ病と言って来ているのかと考える。

体験を聞いても、普通の人とうつ病でない人とで同じようなものですから。

外側のつらい環境だけ見れば、うつ病になる人はいっぱいいます。もちろんここで言う「苦しみ」とは外側の苦しみです。

現実に考えてもそうです。大企業でうつ病になっている人は、たくさんいます。大変です。

うつ病の問題というのは、今の日本では大きな問題です。

どんなに外側の環境が恵まれていたって駄目です。

勤務条件が恵まれているといわれている地方公務員でうつ病の人はたくさんいます。

全ての困難を取り除いても神経症の予防には何の意味もないという、フランクルの言葉も同じ意味でしょう。[*9]

「あらゆる困難を取り払っても」です。「あらゆる困難を取り払っても、神経症の予防には、なんの効果もない」と言っています。

つまり、あらゆる困難を取り払っても、その自分の今体験していることを違って感じてしまっているということです。

うつ病とうつ病でない人は、体験は同じようなものです。

違うのは、その人の解釈、認識なのです。体験に対する解釈が違う。認識が違う。体験が違うわけではありません。

だから、先ほども言いましたように、うつ病になるような人は現実と接していないのです。ここが大切なところです。

▽分岐の失敗体験

うつ病の人は今の現実と接しているのではなく、過去のコンテクストを学習しているので、難しいわけです。

なぜか？

それは、うつ病になるような人と心理的に健康な人とは、小さいころ、失敗した時の土壌が違っていたということです。

失敗した時に「よくやったね」とチャレンジの精神を褒めてくれる親もいれば、先に言ったように「あんたには無理だよ」と言う親もいるわけです。

あんたには無理だよと言うのは、そんなものできなくても、あなたは立派ないい子だよ、あなたは私の子どもだよということです。

これが、共同体体験です。これが、共同体感情を育成するのです。

I love you, because you are you. ですから。

世の中には、こうした共同体的な体験をしつつ成長している人と、共同体的な体験をしていないで成長している人がいます。

経済的に恵まれた生活をしながら、うつ病になるような人と、うつ病にならない人がいるのは当たり前のことです。

その体験の具体的な内容が違うのではなくて、体験した時の社会的枠組みが違ったということです。土壌が違ったということです。

うつ病になるような人と心理的に健康な人とは、失敗した時の人間環境が違った。

うつ病患者は「自分の失敗や弱点などを誇張する反面、自分の素晴らしい特徴を無視したり、過小評価する」[*10]と指摘されています。

自分に対して客観的になれない。自分を外から冷静に見ることができない。

「自分の素晴らしい特徴を無視したり、過小評価したりする」のは小さいころに周囲の人からそのような扱いを受けたからです。自分の養育者が、自分に対してそのような反応をしたからです。

「自分の失敗や弱点などを誇張する」のも自分の養育者が、自分の弱点に対して過剰な反応をしたからです。

いつも「お前は劣っている」と言われ続けたら、誰でもそのようになるでしょう。自分にとって重要な人間から「あいつにくらべてお前は駄目な人間だ」と言われ続けたら、誰でも自分と他人を比較して「自分は駄目な人間だ」と思うようになるでしょう。

失敗して「ああ、こんなこともできないのか」と嘆かれた人もいるわけです。そして、それを学習してしまった人がいるわけです。

しかも、心の病んだ人は、そのコンテクストと全く違ったコンテクストのところで、同じ反応をしている。

▽マインドレス

劣等感の原因というのは、カレン・ホルナイが言うように、所属感の欠如です。

だからすでに触れたように、失敗しようが成功しようが、おまえは私の子だよと言われる環境で成長した人は所属感があります。

I love you, because you are you. の共同体は、これは所属感があるということです。

そういう所属感のないことが、劣等感の原因なのです。

うつ病患者というのは、先ほども言ったように、本人がつらい気持ちになっていると言いますが、彼らを否定しているのではありません。

もちろん、本人はつらいです。死にたい、死にたいと言うのは嘘ではありません。つらいのです。

しかし、現実はつらいわけでもなんでもないのです。うつ病患者がつらいと言うのは、本当に大変です。それはもうどうしようもなくつらいです。死にたいという気持ちは嘘ではありません。

それは、なぜか。先ほどのアーロン・ベックの言葉を使えば、うつ病患者の認識の形式的な特徴の一つに、「自動的反応」というのがあります。自動的反応です。

またエレン・ランガーさんの言葉を使えば、マインドレス（Mindless）になります。

よくよく考えないで、ぱっと自動的に反応します。だから、過去で学習したことでもって、今の刺激に対して自動的に反応するから、「つらい！」となります。

外から見ると、厳しい仕事で、安い給料で、将来も不安定で、元気に働いている人から見れば、うつ病患者に「冗談じゃねえ」と言いたい気持ちになるのも分からないではありません。

お前が苦しんでいるのだったら、「俺なんか、何て言ったらいいんだ」と言いたいでしょう。その通りです。

お前が死にたい、死にたいって言うなら、俺どうするんだって。それも本当なんです。

しかし、その恵まれた環境のうつ病患者が、死にたいって言う。ああ息をするのも苦しいって言う。

これも本当なのです。うつ病患者が、息をするのもつらいと言うのも、本当です。真面目に一生懸命働いているのに、給料が安くて将来も不安定だという人がいます。そんな人が、「つらい」と言ううつ病患者のすごく恵まれているのを見て、「ふざけんじゃねえよ」と思う。

お前がつらいって言ったら、俺はどうなるんだと。これも本当です。

うつ病患者は自動的に反応します。

今、実際には恵まれている刺激があっても、今の刺激に対して過去で反応します。今の刺激に過去で反応していますから、つらいのです。責められているのです。すでに出来上がった神経の伝達経路があるからです。

何かまずいことがあると、みんなに責められた。

あるうつ病患者は、二歳か三歳、正確には忘れましたけれども、小さいころにお母さんが亡くなった時に、みんなから「お前がいるからお母さんが死んだ」と責められた。そういう話が実際にあるんです。

そうすると、自分という存在は、今、責められてはいませんが、過去にそうやって責められている。そうすると、自分という存在は許されない存在だと感じます。

そういう土壌で生まれてきて、そういうコンテクストを学習して、そして今の刺激に対して過去の心で自動的に反応する。先ほど言ったように、体は今にあるけれども、心は過去にある。

▽醜いアヒルの子

コンテクストの力の典型的な例は、醜いアヒルの子の話です。これは僕が訳したエレン・ランガー教授の著作をもとに書きますと次のようになります。

醜いアヒルの子は卵からかえったときに、最初の「とらわれ」に陥った。すぐそばにいた大きなアヒルを見て、それが母親だと「決めた」のである。

そして自分の兄弟などからいじめられると、二度目のとらわれに陥った――自分は周りとは違っていて、なお悪いことに、醜いと思ったのです。それで恥ずかしくなり、孤独を感じた。

これはまさに囚《とら》われです。自分の生きている世界に対する見方が、事実として間違っている。しかし、そう思い込んだ。

いじめや、からかいから逃げた醜いアヒルの子を待っていたのは、冒険の連続だった。あるときは沼地で猟犬に出くわしたが、その犬はアヒルの子を飛び越えていっただけだった。そのときばかりは、自分の見た目の姿を喜んだ。「ぼくが醜すぎるから、犬にも食べられないんだ」。

醜いアヒルの子は、完全に外界と接していない。この醜いアヒルの子と同じ若者は今の世界にたくさんいる。

人生を楽しんでいない人に、この醜いアヒルの子がいる。そして自分が醜いアヒルの子であることに最後まで気がつかない。

「結末は誰もがご存知のとおりである。新しいコンテクスト――白鳥の世界――では、醜いアヒルの子には誇りが芽生え、美しさを感じた。仲間と並んだ自分を見ると、以前の心の習慣（マインドセット）は消え去ったのである[*11]」と結ばれている。

私たちは一度腐ったリンゴを食べると、その腐った味がリンゴの味と思う。

人は最初の体験で物事を解釈しがちである。最初の体験に固執する傾向がある。つまり最初の体験が心にしみつく。そして次の体験の解釈はねじ曲げられる。最初の心の傷は消えることなく、その人の一生に影響を与え続けます。

私たちは「あるものに初めて出くわしたときにある心構えを作り上げて、次に同じものに再度出くわすとその心のあり方に固執するというものがある。そのような心のあり方はあまり考えないうちに作り上げられることから、私たちは「とらわれ」と呼んでいる」[*12]といわれる。

▽いい加減な認識

その人の認識の仕方によって、その人の「それから先の人生」の行動が影響されるのだが、その元になっている認識のされ方が極めていい加減なのです。

その人のそれまでの人生によって、それからの物事の認識の仕方は違ってくる。何度も言うように、人間は過去から自由ではない。

そのため同じ事実が人によって違って認識される。それぞれ人は違った過去を背負っているのです。

今、「視点を変える必要があるが、なかなか変わらない」と述べましたが、「変わらない」という意味ではありません。

難しいから変わるように努めなければならないという意味です。

お風呂にざぶんと入れる。健康な人は気持ちよい。

病人は気持ちよくないこともある。疲れた高齢者にはつらいことがある。

介護で苦労している人がお風呂に入られないと嘆いていた。

その人は「お風呂に入れる」こと、イコール「水に入れること」と思っている。

首を拭いて、気持ちよくすること。さっぱりすること。それもお風呂に入ることです。

それがマインドフルネス（mindfulness）です。つまり新しいカテゴリーの創造です。

生きる知恵というのは、視点を増やす能力のことです。マインドフルネスな人というのは生きる知恵がある人のことです。

視点を増やすということは「耐えがたい状況を変える方法のひとつでもある」[*13]のです。

視点が少なければ少ないほど人生のトラブルは多い。

視点が増えれば、他人への優越感に浸るために努力することで苦しむこともなくなります。

第四章　真の自立は過去からの解放

真の自立というのは、過去からの解放です。

ジョージ・ウェインバーグ（George Weinberg）は、人間は過去から自由ではない*14と言った。

大変あつかましくも、私は、ジョージ・ウェインバーグと同じように、私たちは過去の人間関係から自由ではない、と言ってきました。

この過去の人間関係から自由になることが、自立なのです。

自立というのは、なにも、二十歳になった人が親の経済的援助を断り、家を出ることを指すわけではありません。

▽自立を目指して

過去の人間関係から自由になること、これが自立です。

この自立をしないかぎり、アーロン・ベックの言う、うつ病からは逃れられません。なぜなら彼ら彼女らは過去では確かに責められていたのです。

「ああ、あの時にそういえば、あいつも俺を責めたけど、あいつは、ああいう人間だったんだなあ。責任転嫁する、自分のない人だったんだ。不安から僕のことを敵視していたにすぎないんだ」と思い出して、「ああ、そうか、私自身があんな自信のない人間だったんだ、だから病的なまでに優越感を求めて、それが得られなくて劣等感に苦しんだんだ」と気がつく。

そういうことを、一つ一つ理解して、そういう過去の人間関係から解放される。

うつ病患者というのは、身近な人に対するものすごい憎しみがあります。うつ病の人は、心の底に攻撃性があると理解しないとうつ病は治らない。うつ病患者の心の底には猛烈な攻撃性があります。猛烈な攻撃性。その憎しみを自分に向けただけです。

本当は、周りの人間が嫌いなんです。

だいたい、いつも悩んでいる人は、周りの人がぜんぶ嫌い。だけど「嫌い！」って言えない。「嫌い！」と意識できない。

だからといって、周囲の人が全て悪いというわけではない。うつ病患者の側にものすごい依存心がある。普通の人のように心理的に成長していない。しかも依存心が強くなっています。

一人で生きていかれないから。寂しいから。自分の感情を全部抑えて、いい顔しているのです。

嫌いな人を好きだって感じていたら、疲れます。そうしたら、悩むのは当たり前です。それで「元気な顔してろ」と言ったって無理です。

▽コミュニケーション能力

コミュニケーションというのは、よろしいですか、コミュニケーション能力というのは、言いづらいことを言えることがコミュニケーション能力なのです。

今、コミュニケーション能力、コミュニケーション能力って、もう小手先の技術的なことばかり言いますが、違います。

コミュニケーション能力というのは、怒りを表現できる能力なんです。言いづらいことを言える。それがコミュニケーション能力です。

ところが、今はコミュニケーションというと、なにもかも小手先です。昨日、あるマスメディアが取材に来て、コミュニケーションの仕方について小手先ばかり聞いてくるんです。どこの社の、どういう記者とは言いませんけれども。「大人が子どもに好かれるにはどうしたらいいでしょうか」と。

NHK文化センター（青山教室）に行って、人間関係論を聞いてくださいと言いたかったですが、控えました。

それを「三十分間で、簡潔に教えてください」と言う。もう小手先ばかりです。

コミュニケーション能力というのは、言いづらいことを言える。そういう表現能力なんです。

だから、うつ病患者の自動的反応というのは、まさに目の前の現実に反応していない。自動的に反応しているわけですから。

今の刺激に反応しないで、過去の体験の記憶が刺激されているわけです。過去の感情的蓄積の呪縛から解放されることが、本当の意味での自立なのです。

例えば、自動的反応と言いましたけれども、うつ病的傾向の強い人に対して、誰かが褒めたとします。「あの人素晴らしいね」と。そうすると、自分がけなされたと自動的に思うのです。

「あの人素晴らしいね」と言っただけで、あなたとは関係ない。「あの人素晴らしいね」と言っただけです。ところが、うつ病の人は自動的に「自分は駄目だ」と言われたように反応してしまう。

全く現実と接していません。

なぜ、こんな反応をするかというと、小さいころから比較されて成長してきているからです。比較されて成長してきているから、他人が褒められると自分がけなされたと感じてしまう。

いとこのなにちゃんはね、なになに大学に入って、こういう会社に入ったんです。隠されたメッセージは「あなたはねえ、将来困るわね」ということです。

なになにちゃんは、〇〇スポーツの大会で優勝したんだって。あなたはねえ、スポーツ下手なんだよね。

こうして絶えず、比較されて生きてきているんです。

そうすると、四十歳になって今比較されているわけではありません。「あの人素晴らしいね」と言っているだけです。しかし、自動的に、私は駄目だってこの人は言った、というふうに受け取ってしまう。

自動的反応です。これには注意してください。

▽虚の世界

もし周囲の人が、その人が小さいころから自分自身の潜在的能力を伸ばすように励ましていたら、その人は四十歳の時には違った大人に成長していたでしょう。

先ほど言ったように、くどいようですけれど、心理的健康というのは、いくつか要件がありますが、その一つは、現実に接していることです。

うつ病患者は、現実に接していません。

当のその人は「あの人素晴らしいな」と言っているだけです。

しかし、ずっと小さいころから、なにちゃんはこうだ。なになにちゃんはこうだ。あの家はこうだ。わーわーわーって親戚と比較されて成長してきているから、誰かが誰かに褒められると、自分は価値のない人間だと言われたと本人が思う。

本人がそう思っているだけなのです。今、目の前にいる相手は、全然、その本人のことを言っているわけではありません。

要するに、うつ病患者を始めとして、悩んでいる人というのは、虚の世界にいたわけです。本当に虚の世界。妄想の世界です。小さいころから実のない世界にいたんです。

ラジオの「テレフォン人生相談」を、五十年を超えてやっていますが、虚の世界というのはやはり恐ろしいです。

自分はこうして非常に苦しいんだと訴えます。そして、「友達いる？」って聞くと、「友達います」と言う。

「高等学校の友達とよくやってます」と言います。本当の心のふれあう友達がいれば、何でラジオの『テレフォン人生相談』に電話をかけてくるんでしょうか。友達に相談しますよ。見も知らない人なんかに相談しないです。

しかし、その人の言う本当の友達とは、心のふれあいもなにもない、虚の友達です、虚の世界で生きているのです。

実のない世界。実のない世界にいるから、友達という名前に値する友達はいないのに、友達がいると思っているのです。友達という他人がいるというだけです。

だから、何が自分の人生の問題であるかを明確に理解できない。自分の視野の狭さに気がつかない。

「青春時代はどうだった？」と聞くと、「素晴らしかったです」と言う。青春時代が素晴らしければ、今あなたの言っている悩みなんかないだろう、と言いたくなるような相談なのです。

だいたい虚の世界でいるから、悩みが出てくる。

自分が虚の世界にいるということに気がつき、それを認めた人が、これで人生、世界が開け始める。視野が広がり始める。

ところが、今までの自分の世界が虚の世界と認められない人は、そのまま、先ほどのエレン・ランガー教授の言葉を使えば「有意な未来を自ら捨てていく」ことになります。

▽現実を味方に

「テレフォン人生相談」の最初にいつも言います。

「あなたの認めたくないことはなんですか？」

自分が虚の世界にいたことは、誰も認めたくないです。でも、ああ自分は虚の世界にいたんだ。ああ、あいつ友達だと思っていたけれども、友達じゃなかったんだ。

心のふれあいはなかった。困難な時に励ましあわなかった。ありのままの自分を受け入れてくれていなかった。

確かに友達がいれば、こういう行動はしないよな。そう気がついて、自分の今までの行動の動機を認めれば世界は違って見えてきます。

もし、本当に素晴らしい青春を生きていれば、こんなに毎日イライラすることはないよな、ということになるはずです。

ですから、このうつ病患者というのは、簡単に言うと、若いころから、脅しと攻撃にさらされているのです。今は別に、四十五歳になって、周りから脅しと攻撃にさらされているわけではありません。

脅しというのは、「お前、こんなことだと、将来大変なことになるぞ」って言われるようなことです。

よく母親がするやつです。「そんなことしてると、お父さんのようになっちゃうわよ」。あれは、もう、決定的な言葉です。父親に対する信頼感をつぶしてしまう。

その子の人生は、小さいころから脅しと攻撃にさらされているから、現実にみんなに受け入れられて称賛されていても、自分は受け入れられていないと思うのです。虚の世界に入っているのです。醜いアヒルの子です。

ですから、人間というのは、これまで言ったような人もいれば、逆に励まされて、励まされて、困難を乗り越える能力を育成されながら成長してきた人もいます。

つまり、それは、現実は味方だというふうに感じて成長してきている人です。それに対して、今話した人は、現実は敵だと思っている人たちです。

現実は敵というふうなことを学習してきた人と、現実は味方だと思ってきた人が、同じ体験をしたら、体験の意味は全然違います。全然です。

第五章　人は人間関係の中で生きている

要するに、人生は人間関係の中にあります。人は人間関係の中で生きている。自分の人生を作った人間関係は何か。これがこの人間関係論の講義を通じて、根底にある問題意識です。

ですから、親から愛され励まされて成長した人もいれば、憎まれて疎まれて成長した人もいるわけです。人を信じられなくて成長した人がいる一方で、同時に人を信じて成長してきた人もいます。

だから問題は、人間不信の人が、信じられる人と関わった時に、これが信じられないということです。

コンテクストは学習されている。そこが問題です。

つまり、認識された感情と、その人の実際の感情とは違います。

その人が親しい人と思っていた人が、実は無意識では親しい人ではない。

▽うまくいかない

一生懸命努力している人が、人間関係がうまくいっていれば、なにも東京の青山一丁目で人間関係論の講義を受ける必要はありません。ところが、現在は、一生懸命やっている人が、人間関係がうまくいっていないことが多い。

初めに言ったこととの要点は何か。

一生懸命やっているっていうことは事実ですよ。「なぜ、一生懸命やってるのにうまくいかないか？」っていうことをやっているわけです。

例えば、子どもと親の間のトラブルがあります。

なぜこうしたトラブルは起きるのか？

親の側の自己執着、自我喪失、自己中心性です。他者の不在です。子どもを支配したいという自分の無意識に気がついていないことです。子どもを使って自分の心の傷を癒そうとしていることに気がついていないことです。

子どもの側は、親に気に入られないことを恐れて「これは私のための人生ではない」と気がつけないことです。

最近、「代役ビジネス」が、テレビや新聞に取り上げられていました。

結婚式の時などに、新婦のおじさんの役割をやってください、とか。あるいは、会社の上役の役割、友達の役割をやってくださいと頼まれる。

要するに、相手の親族に対して、こんなに立派な人がいますよというのを見せるために、人を頼むわけです。代役って、代わりの役です。

代役ビジネスというのは、けっこううまくいっています。はやっているそうです。

本当のおじさんでもない人が、結婚式におじさんのような顔をして出席している。

いろいろマニュアルがあるそうです。話にあまり深入りしない、とかです。それはそうです。深入りしたらバレてしまいますから。いい天気ですね、とか。いや去年の今ごろはねえ、とか。そんなことを話している。

今話した悲劇は、しょせん、代役ビジネスの世界です。少なくともそれに近い。

だから、認識された感情と、実際の感情というのは、全く違ってきます。

失敗ばかりでなく、うつ病になるような人と、心理的健康な人は、生きている土壌が違っていた。うつ病患者と心理的健康な人の違いは、そこだけだ、と言いたい。事実としての体験ではない、と先に言いました。

だから、失敗に限らず、たまたま、今失敗ということで話しているだけです。

大人になって、何を体験しても、その体験の意味は人によって違っています、ということです。

▽異なる体験解釈

ところが、私たちは同じ体験をして、同じように思うから、人間関係はトラブルが絶えないのです。

ある体験をして、ある感情を持った。それは、たまたま自分がその感情を持ったということです。これを、他人と同じ体験と思うから、人間関係のトラブルが出てくる。

つまり、普通の人と、うつ病になる人とでは、いろいろな体験に内包されている感情が違う。ですから、アーロン・ベックが言ったように、「うつ病者と、うつ病でない人は、体験がSimilar同じようなものです」ということになる。でもその解釈が違う。

そして、その解釈が、なぜそういう解釈をその人がするかというと、その人のそれまでの成長してきた土壌があるからです。

うつ病になるような人は、自分の体験を一つ一つ見つめ直すことです。自分はなぜ、この体験で、このような感情をもったのかという反省です。

うつ病の人の自動的反応というのは、すごいです。何かに失敗すると、ああ私の人生もう駄目と思っている。失敗なんて、いくらだってあります。

世の中には、「もう少しおまえ反省しろよ」と言われていいような人が、逆にたくさんいます。

うつ病の人は、ちょっとしたことで、ああもう私の人生駄目だと決め込んでしまう。

事実は、前途洋洋なんです。

しかしながら、うつ病患者は「もう駄目だ」と感じてしまうのです。

【第2部　参照文献】

＊1 Horney, K.（1950）*Neurosis and Human Growth*. New York：W. W. Norton & Company, p. 136.
＊2 E・ランガー（２００９）『心の「とらわれ」にサヨナラする心理学―人生は「マインドフルネス」でいこう！』（加藤諦三訳）、PHP研究所、96頁。
＊3 D・ウェイトリー（１９８６）『成功の心理学―勝者となるための10の行動指針』（加藤諦三訳）、ダイヤモンド社、99頁。
＊4 ランガー、前掲書。
＊5 ランガー、前掲書、28頁。
＊6 ランガー、前掲書、29頁。
＊7 ウェイトリー、前掲書、51頁。
＊8 ランガー、前掲書、２５４頁、２７６頁。
＊9 V・E・フランクル（１９６１）『時代精神の病理学―心理療法の26章』（フランクル著作集第３）（宮本忠雄訳）、みすず書房、69頁。
＊10 Beck, A. T.（1967）*Depression*. Philadelphia, PA：University of Pennsylvania Press, p. 231.
＊11 ランガー、前掲書、68-69頁。
＊12 ランガー、前掲書、47-48頁。
＊13 ランガー、前掲書、１１４頁。

＊14　G・ウェインバーグ（1981）『しなやかな自分をつくる　プライアント・アニマル―過去にとらわれない生きかた』（加藤諦三訳）、三笠書房、53頁、78頁、81頁、82頁。

あとがき

ある人から手紙をもらった。「心のもちかたによって気持ちが変わるのが不思議でなりません。そんなことはわかっていたのですが。心から感じたのは初めてです」

確かに「自分の心のもちかたによって気持ちが変わる」。もっと言えば、自分の気持ちの発生した源の小さいころの人間関係を理解し、相手は自分とは違った人間関係の中で成長してきたということを理解すれば、お互いのトラブルの性質が理解できて、関係は変わる。

その人がどのような人間関係の中で成長したのかを理解することは、自分を正しく理解するためにも、相手を正しく理解するためにも欠かすことはできない。

アドラーは「小さい頃に受けた印象は、その子が自分の人生に対する態度に生涯影響を及ぼす[*1]」と言っている。

同じようなことを主張している人は他にもいろいろといる。

フロム・ライヒマンは「大人になってからの対人関係は、幼児の生活のうちにつくりあげられ、後年の生活で繰り返される」[*2]と述べている。

失敗について、拡大解釈をする人と、限定的解釈をする人では、失敗に対する不安は違う。

失敗について拡大解釈をする人というのは、どういうことかと言うと、極端な例をだすと、あるご主人が、会社に行く前、ネクタイの締め方がうまくいかないと言って、「これで俺の人生駄目になる」と騒いだという例がある。

つまり、ネクタイがうまく締められない、会社に行ってだらしのない格好をしている。すると会社から低い評価をされる、会社を辞めさせられる。

そうなれば俺の人生はこれで終わりだと騒ぐ。ネクタイがうまくいかないことが、どんどん、どんどんと拡大していってしまうのです。これが悲観主義の解釈の特徴である拡大解釈である。

悲観主義というのは、こういうことです。拡大解釈というのが、悲観主義なのです。

限定的解釈というのは、ネクタイがうまく結べなかった、そこまで。それ以上解釈を広げていかない。

この悲観主義のビジネスパーソンは、小さいころ、些細《ささい》な失敗に周囲の人が大げさに反応したのでしょうし、そうした人間関係の中で自分は些細な失敗を乗り越えられないという不安や恐怖感にさいなまれて成長してきたのでしょう。

そんな小さいころの失敗に対する社会的枠組みが、この人から、人生の難題を乗り越える勇気を奪ったのかもしれません。


この本では、人生に対する誤った考え方を修正し、困難の中でも自分の潜在的能力をいかに発揮するかを考えた。

それはパラダイム・シフトが起きてくるのかもしれません。

人間に生まれた以上、困難や悲しみは避けられない。悩みは避けられない。私たちが努力しなければならないのは、今自分が味わっている悩みを正しく修正することである。悩みから逃げることでもないし、悩みを打ち砕こうとすることでもない。

この本には、いろいろな人の名前が出ます。うつ病については、アーロン・ベッグ、過去のことについては、ジョージ・ウェインバーグ。

「コンテクストは学習される」「感情は囚《とら》われに基づいている」

この感情については、ハーバード大学のエレン・ランガー教授の主張を話しているわけです。

ところが、心の中は、見えない。

背の高さとか体重は見えますから。太っているとか痩《や》せているとかいうのは、外からすぐに分かる。黒人とか白人とか、黄色人とか、肌の色は見えますから、間違えない。ところが、心の中は見えません。

しかし、心の中に蓄積されている過去の体験は、人によって全く違っているのです。肌の色の違いどころではない。女性と男性の違いどころではない。背がすごい高いなって驚くけれども、心理的に成長しているなとは驚かない。あるいは三歳の子どもと六十歳の大人は違うというが、心の違いは、年齢の違いどころではない。

心の中に蓄積されているもの、この違いを分かったら、ひっくりかえって驚きます。それほど人は違います。

しかし、人間というのはもう、目に見えることで簡単に説得される。とにかく、目に見えるものというのは、ものすごい説得力を持ちます。

逆に、目に見えないものというのは、本当に説得力がありません。

それでも、心の中に蓄積されているものというのは、人間関係にものすごく影響する。

肉体的に言うと、凝りみたいなものです。肩の凝りと言います。まだ肉体的なことは分かります。肩が凝ったことは。肩ばかりではなく、凝りはいろいろなところに出ます。それは、筋肉が正常に働かなくなって、凝ってしまったわけです。

肩が凝ると、外から見て肩が変わるわけではないですが、やはり体はつらいです。凝りで苦しんでいる人は、それは分かると思います。

心の中で蓄積されているものは、凝りみたいなものです。見えないけど、それがあると、つらい。肩の凝りがあると、外から見えないけれども、つらい。

腰痛も、ものすごく日本人に今多いようですが、やはりつらいです。これも目に見えない。

だから、無意識は肉体的に言うと、凝りみたいなものです。見えないけれども、これはけっこうつらい。

問題は、年齢が上がれば上がるほど、今の刺激に過去の社会的枠組みで反応するようになるということです。だから、高齢者は頑固になる。なぜなら、ずっとその学習されたコンテクストで反応して生きてきたわけですから。

年齢が上がれば上がるほど、今の刺激に過去の社会的枠組みで反応する。つまり、学習したコンテクストは、より深く内面化されてしまうわけです。

　したがって、神経症的傾向の強い人に囲まれて成長した人は、優しい人の励ましの言葉でも、怒りで反応することがあります、高齢者は、それは、ずっと長いこと、どんどんと、過去の社会的枠組みが深く内面化されています。


　今を生きるというのは、今の刺激に今の自分が反応することです。学習した過去の社会的枠組みで反応することではない。


　今を生きるということは、信じられる人が出てきたら、信ずる。信じられない人が出てきたら、「こいつは信じられない」と思うことです。

　私の友人で、四十年間以上、社会的貢献を続け、手にした利益を全部寄付している人がいると言いました。「どうやったら人生うまくいくんだ?」と聞いたら、人を見て態度を変えると言いました。

　これは、まさに、今を生きているということです。

過去に自分がどういう目に遭ったかという理由で、人を見ないのです。過去に医者からひどい目に遭った。誤診された。もう俺、医者信用しないよ、ということではありません。

若いころに、男にひどい目に遭わされた。「もう私、男は信用しない」ということではない。

今、目の前にいる人を今の自分が見ている。この態度が、エレン・ランガーさんの言うマインドフルネス（Mindfulness）です。

だから、彼女は「感情は囚《とら》われに基づいている」と言う。

そしてマインドフル（mindful）の人は、人生のトラブルが少ないと言う。

ですから、そのmindfulということと、マインドレス（mindless）ということは、重要な概念です。

マイナスの感情のコントロールが幸せの秘訣《ひけつ》です。自分の今の不愉快な感情は、唯一の感じ方ではないことを理解していることです。「不快な感情をコントロールする能力は、精神の幸福を得るカギだ[*3]」と指摘されます。

不快な感情をコントロールする能力、それは囚《とら》われに基づかない感情である。解釈し直す心のゆとりである。

今の不快な感情を違った視点から見られるマインドフルネス。今の不快な感情は過去の体験から生じたものかもしれない。

不必要なものであれば、捨てればいい。

自分は生きるという体験をどのような社会的枠組でしてきたのか？
今自分が感じている感じ方の遠因はどこにあるのか？
なぜこう感じるのかという隠された真の原因は何か？

体験は、体験した時の社会的枠組によって意味づけられる。その感情的記憶の蓄積の総体として、今の刺激に自分が反応している。

はしがきに書いた目に見えない罠《わな》は、実は囚《とら》われた感情です。

私たちがするべきことは、悩みを修正することで、消すことではない。[4]
私たちの感情を消すことはできないし、正しい態度ではない。この本で理解したように「感情は囚われに基づいている」のだから、囚われから解放されることです。
アメリカの心理学者シーベリーが「不幸を受け入れようとする気になると、なにをしたらいちばん良いかが突然見えてくる」[5]と言っている。その通りです。

だから生きることに疲れたあなたは「私の人生はつらい」と認めることです。これができれば先は明るい。

「なんで私だけがつらいのだ」と不満になれば、よりつらい人生になる。

シーベリーは「機械が故障し、修理が必要な場合、技術者の全神経は、どうやって機械を正常に戻し、具合良く動くようにするかに集中します」[*6]と述べています。

大切なのは、自分の不幸の本当の原因を突き止めることです。この本は今の不幸の真の原因を理解するためのものです。

この本は編集部長の谷俊宏氏の根気の良い励ましによって書き上げることができた。紙面を借りてお礼を述べたい。

加藤　諦三

【あとがき　参照文献】

＊1　Adler, A.（1998）*Understanding Human Nature.*（C. Brett, Ttrans）. Center City, MN：Hazelden.（Original work published 1927）, p. 34.

＊2　Reichmann, F.,F.（1959）*Psychoanalysis and Psychotherapy*. Chicago, IL：The University of Chicago Press, p. 76.

＊3　D・ゴールマン（１９９６）『EQ～こころの知能指数』（土屋京子訳）、講談社、94頁。

＊4　Hallowell, E.,M.（1997）*Worry*. New York：Pantheon Books, p. 68.

＊5　D・シーベリー（１９８４）『問題は解決できる』（加藤諦三訳）、三笠書房、92頁。

＊6　シーベリー、前掲書、76頁。

加藤諦三（かとう・たいぞう）

作家、社会心理学者。1938年生まれ。東京都出身。東京大学教養学部教養学科卒業。早稲田大学教授を経て現在、早稲田大学名誉教授。ハーバード大学ライシャワー研究所客員研究員。ニッポン放送系ラジオ番組「テレフォン人生相談」に半世紀以上出演中。70冊以上の著作が海外で翻訳出版され、40冊以上の著作を日本語に翻訳。米国、カナダ、ドイツ、フィリピン、韓国など世界中で講演、講義。著書に「自分に気づく心理学」（PHP 研究所）「愛されなかった時どう生きるか」（同）、*Happiness and the Meaning of Life.* Vantage Press. など数百冊。
著者のホームページ https://www.katotaizo.com/

早稲田新書001

生《い》きることに疲《つか》れたあなたが
一番《いちばん》にしなければならないこと
―加藤諦三の新・人間関係論―

2020年12月10日　　初版第１刷発行

著　者　加藤諦三
発行者　須賀晃一
発行所　株式会社 早稲田大学出版部
〒169-0051　東京都新宿区西早稲田 1-9-12
電話 03-3203-1551
http://www.waseda-up.co.jp/
装　丁　三浦正已
印刷・製本　精文堂印刷株式会社

ISBN978-4-657-20012-9

早稲田新書の刊行にあたって

いつの時代も、わたしたちの周りには問題があふれています。一人一人が抱える問題から、家族や地域、国家、人類、世界が直面する問題まで、解決が求められています。それらの問題を正しく捉え解決策を示すためには、知の力が必要です。整然と分類された情報である知識。日々の実践から養われた知恵。これらを統合する能力と働きが知です。

早稲田大学の田中愛治総長（第十七代）は答のない問題に挑戦する「たくましい知性」と、多様な人々を理解し尊敬して協働できる「しなやかな感性」が必要であると強調しています。知はわたしたちの問題解決によりどころを与え、新しい価値を生み出す源泉です。日々直面する問題に圧倒されるわたしたちの固定観念や因習を打ち砕く力です。「早稲田新書」はそうした統合の知、問題解決のために組み替えられた応用の知を培う礎になりたいと希望します。それぞれの時代が直面する問題に一緒に取り組むために、知を分かち合いたいと思います。

早稲田で学ぶ人。早稲田で学んだ人。早稲田で学びたい人。早稲田で学びたかった人。早稲田とは関わりのなかった人。これらすべての人に早稲田大学が開かれているように、「早稲田新書」も開かれています。十九世紀の終わりから二十世紀半ばまで、通信教育の『早稲田講義録』が勉学を志す人に早稲田の知を届け、彼ら彼女らを知の世界に誘いました。「早稲田新書」はその理想を受け継ぎ、知の泉を四荒八極まで届けたいと思います。

早稲田大学の創立者である大隈重信は、学問の独立と学問の活用を大学の本旨とすると宣言しています。知の独立と知の活用が求められるゆえんです。知識と知恵をつなぎ、知性と感性を統合する知の先には、希望あふれる時代が広がっているはずです。

読者の皆様と共に知を活用し、希望の時代を追い求めたいと願っています。

２０２０年12月　　須賀晃一